0~3세 육아,
그림책에
답이 있습니다

하루 10분 언어·정서·사회성 발달을 위한
성장 단계별 120권 그림책 육아법

0~3세 육아, 그림책에 답이 있습니다

이임숙 지음

연령별 그림책 추천 & 실천 포인트까지
아이의 발달 속도에 맞춘 그림책 육아 로드맵

카시오페아
Cassiopeia

차례

프롤로그 ★ 3천만 단어의 차이, 그림책에서 시작됩니다　　009

CHAPTER 1

★

"사랑하는 만큼 읽어 주세요."
소중한 나의 아기, 무엇을 해 주어야 할까?

그림책으로 사랑을 전해요　　015
아기를 위한 최고의 선물, 그림책 육아　　022
아기는 어떻게 세상을 배우고 기억할까?　　030
아기는 듣는 것을 기억할 수 있을까?　　037
초점 그림책, 상호작용이 중요해요　　045
실천 포인트 아기와 눈 맞춤하며 책을 읽어 주세요　　052

CHAPTER 2

4~6개월 | 감각이 열리는 순간!
오감이 자라나는 그림책 육아

100일부터 들려주는 옛이야기의 힘	055
까꿍! 책 속 친구가 나를 보고 있어요	065
숨바꼭질 그림책으로 관찰력이 쑥쑥!	075
세상을 만지고 배우는 아이를 위한 촉각 그림책	085
실천 포인트 🍀 그림책, 반복과 새로움의 균형이 필요해요	094

CHAPTER 3

7~12개월 | 정서가 자라는 시간
정서 발달의 열쇠, 그림책

그림책으로 안정 애착 쌓기	097
엄마, 아빠 표정으로 배우는 아기	107
그림책으로 자라는 우리 아이 정서 지능	115
정서적 교감이 사물 인지도 촉진한다	126
실천 포인트 🍀 엄마, 아빠가 번갈아 읽어 주세요	135

CHAPTER 4

13~18개월 | 언어 감각이 폭발하는 시기

말이 술술 트이는 그림책 놀이

책과 노는 즐거움이 언어 감각을 깨운다	139
어휘력이 폭발하는 순간, 그림책이 주는 언어 자극	147
그림책 모델링으로 배움이 자라요	161
만지고 느끼는 조작 그림책으로 언어와 사회성 키우기	171
실천 포인트 🌸 언어 발달을 도와주는 그림책을 읽어 주세요	180

CHAPTER 5

18~24개월 | 나는 내가 좋아요

자존감을 키워 주는 그림책

'나'를 인식하는 특별한 시기, 그림책과 함께해요	183
자존감과 자율성이 쑥쑥 자라는 그림책 육아	191
분리불안을 극복하는 그림책 치유법	202
감정과 규칙을 함께 배우는 그림책 훈육법	211
실천 포인트 🌸 자존감을 키우는 그림책 대화가 필요해요	224

CHAPTER 6

24~30개월 | 궁금한 게 너무 많아요!
호기심이 자라나는 인지발달 그림책

아이의 호기심을 깨우는 그림책의 힘	227
실천 포인트 🍀 호기심을 키우는 그림책 육아법	235
두뇌 발달을 자극하는 기억 놀이 그림책	238
수학 머리를 깨우는 수 감각 그림책	248
영어 그림책 언제, 어떻게 읽어 줄까?	260
실천 포인트 🍀 이야기의 결말을 상상하게 하세요	271

CHAPTER 7

30~36개월 | 관계를 배우는 절호의 타이밍!
사회성이 쑥쑥! 그림책 육아

친구랑 어떻게 놀지? 그림책이 들려주는 친구 만들기	275
규칙이 놀이가 되는 그림책의 마법	285
공감력과 배려를 키우는 이야기의 힘	296
그림책으로 해결하는 형제·자매 다툼	309
실천 포인트 🍀 동생이 밉다고 말할 땐 이렇게 말해 주세요	319
에필로그 ★ 하루 10분, 아이와 함께 떠나는 그림책 여행	321

프롤로그

3천만 단어의 차이, 그림책에서 시작됩니다

잭과 미셸이라는 두 아기가 있었습니다. 둘 다 비슷한 잠재력을 지녔지만 안타깝게도 선천적으로 심한 난청을 가지고 태어났습니다. 다행히 두 아이 모두 인공와우 수술을 받아 소리를 들을 수 있게 되었고 밝고 건강하게 성장할 일만 남은 듯했습니다. 그러나 시간이 지나면서 두 아이의 발달 과정은 크게 달라졌습니다. 잭은 활기차고 지적인 호기심이 넘치는 아이로 자란 반면, 미셸은 소리를 들을 수는 있었지만 그 의미를 온전히 이해하는 데 어려움을 겪었습니다. 언어를 습득하는 과정에서 큰 격차가 벌어진 것이지요. 도대체 무엇이 이토록 다른 결과를 가져온 걸까요?

연구에 따르면 아이가 생후 3년 동안 접하는 언어량은 부모의 사회경제적 지위나 교육 수준에 따라 최대 3천만 단어까지 차이가 날 수 있다고 합니다. 이런 차이는 이후 아이의 학업 성취도와 지능 발달에도 깊은 영향을 미칩니다. 따라서 부모가 아이와 대화할 때 얼마나 다양한 어휘를 사용하고, 어떻게 소통하는지는 매우 중요합니다.

하지만 단순히 많은 말을 들려준다고 해서 충분한 것은 아닙니다. 진짜 핵심은 '질 높은 상호작용'입니다. 어떤 말과 감정으로 아이와 소통하는지가 결정적이지요. 부모와의 따뜻한 정서적 교감이 부족하다면 수많은 언어도 그 빛을 잃게 되니까요.

잭과 미셸의 차이도 바로 여기에서 비롯되었습니다. 잭은 부모와 함께 따뜻한 대화 속에서 노래를 듣고 그림책을 읽으며 풍요로운 언어 환경에서 자랐습니다. 안타깝게도 미셸은 그러한 경험이 부족했고, 그 결과 언어 발달에 어려움을 겪게 된 것이지요. 이 이야기는 우리 아이에게 가장 귀하고 소중한 선물이 무엇인지를 깨닫게 합니다.

그렇다면 어떻게 해야 할까요? 바쁜 현대 사회에서 부모가 하루 종일 아이와 대화하는 것은 현실적으로 어렵습니다. 그래서 그림책 육아가 꼭 필요합니다. 하루 10~20분만 투자해도 5~6권의 그림책을 읽어 줄 수 있습니다. 아이를 품에 안고 따뜻한 목소리로 다정하게 이야기를 들려주세요. 아름다운 이야기와 다양한 어휘가 담뿍 담긴 그림책은 부모가 아이에게 전하고 싶은 사랑과 아름답고 멋진 말을 모두 전해 줄 것입니다.

아기의 첫 3년은 경이로운 변화의 시간입니다. 누워서 움직이지 못하던 아기가 걷고 뛰며, 울음소리밖에 내지 못하던 아이가 문장을 구사하기 시작합니다. 그리고 어느 순간 자신의 생각을 또렷하게 표현하는 기적 같은 순간이 찾아오지요. 이 놀라운 변화를 그림책과 함께해 보세요. 부모가 아이에게 줄 수 있는 가장 따뜻하고 특별한 선물이 될 것입니다.

모든 부모와 아이가 그림책으로 행복한 집을 만들기를 바라며

이임숙 드림

CHAPTER 1

"사랑하는 만큼 읽어 주세요."

소중한 나의 아기,
무엇을 해 주어야 할까?

그림책으로
사랑을 전해요

그림책으로 전하는 마음의 언어

우리 아기에게 어떻게 내 마음을 전할 수 있을까? 사랑을 담아 세상에서 가장 특별한 말을 해주고 싶다.

"사랑해, 아가야. 너무너무 사랑해. 엄마, 아빠가 늘 네 곁에서 지켜 줄 거야."

아무리 말을 걸어도 아기에게 내 마음이 온전히 전달되는 것 같지 않다. 더 열심히 말을 건넨다.

"우리 아가 잘 잤니? 기지개도 한번 켜 볼까? 쭉쭉 마사지 해 줄게. 어떤 꿈을 꾸었을까?"

"아이구, 쉬했나 보네. 금방 기저귀 갈아 줄게. 뽀송뽀송해서 기분 좋지? 그래, 기분이 좋구나. 아이고 예뻐라. 정말 예쁘다."

매일 이렇게 열심히 말을 건네지만 왠지 특별하지 않은 것 같다. 게다가 비슷한 말만 매번 반복하고 있다. 엄마도, 아빠도, 할머니, 할아버지도 다르지 않다. 젖 먹일 때, 응가할 때, 조금씩 다른 말을 해 주기는 하지만 뭔가 아쉬움이 남는다.

이런 고민이 드는 것은 아기를 진정으로 사랑하기 때문이다. 단순히 말을 걸어 주는 것이 아니라 그 속에 깊은 의미와 따뜻한 감정을 담고 싶은 것이다. 그렇다면 이렇게 말해 보는 건 어떨까?

너는 기적이야. 넌 사랑받기 위해 태어났단다.
네가 태어난 날엔 곰도 춤을 추었지.
사랑해. 사랑해. 사랑해. 머리끝부터 발끝까지 사랑해.

언제까지나 널 사랑해. 네가 어디에 있든 너와 함께할 거야.
네가 기린이 되든 곰이 되든 우린 널 사랑해.

어떤가? 갑자기 아기에게 들려주는 말들이 더욱 풍요롭고 아름답게 느껴지지 않는가? 이 특별한 말들은 어디서 온 걸까? 사실 위의 문장들은 하나하나가 모두 그림책의 제목이다. 그림책은 제목만으로도 아기에게 깊고 넓은 마음을 담을 수 있다. 그리고 이 사랑이 가득 담긴 아름다운 언어들은 아기의 마음과 정신을 건강하고 풍요롭게 키워 줄 것이다.

부모라면 누구나 아기에게 세상에서 가장 아름답고 좋은 말을 들려주고 싶다. 하지만 마음만 가득할 뿐 떠오르는 생각과 말은 제자리에서 머문다. 나의 사랑을 전하고 싶어도 표현이 부족하다고 느껴지는 것이다. 그래서 필요한 것이 바로 그림책이다.

그림책은 아기에게 엄마, 아빠의 사랑을 충분히 전하면서 동시에 흥미로운 시각적, 청각적 자극을 제공하는 최고의 방법이다. 이제 우리 아기가 건강하고 행복한 아기, 인성 좋고 지혜롭고 똑똑한 아기로 자라길 바란다면 갓 태어난 순간부터 그림책을 읽어 주자. 그림책을 읽어 주다 보면 자연스럽게 아름다운 문장을 만나게 되고, 그 문장을 통해 더 풍성한 언어로 아기에게 사랑을 전할 수 있다. 게다가 평소 말이 적은 부모라도 그림책을 읽으면 아기와 자연스럽게 대화하는 기회를 가질 수 있다. 엄마, 아빠가 즐거운 마음으로 말을 많이 들려줄수록 아기도 즐거워진다. 뿐만 아니라 이 모든 과정은 아기의 뇌 발달에도 엄청난 영향을 미친다. 부모의 사랑이 담긴 시선과 따뜻한 말들이 아기에게 전해질 때 아기의 눈동자는 더욱 반짝이고 부모의 목소리에 반응하며 더 적극적으로 소통하려 한다.

아직 신생아라서 잠자는 시간이 길더라도 깨어 있는 순간만큼은 사랑을 전하고, 심심하지 않게 보여 주고, 들려줄 수 있는 시간이 되어야 한다. 그림책은 그런 순간을 만들어 주는 선물 같은 육아 방법이다. '갓 태어난 아기에게 무슨 그림책을 읽어줘?'라는 생각이 든다면 더더욱 이 책을 읽고 아기와 함께 그림책 세상으로 들어가 보길 바란다.

그림책으로 사랑을 들려주세요

어린 영아에게 그림책이 왜 꼭 필요할까? 차근차근 알아보자. 12개월 된 아이를 키우는 두 엄마 A, B가 있다. 오랜만에 아기를 데리고 키즈카페에서 만난 두 사람은 밀린 수다를 한참 나누며 시간을 보냈다. 그런데 대화를 나누던 중 A 엄마는 자신의 아이와 친구 아이의 다른 점을 알게 되었다. A 엄마의 아기는 이제 겨우 '엄마', '맘마' 정도밖에 말하지 못하는데, 친구의 아기는 '엄마', '아빠', '맘마'뿐 아니라 '물', '까까', '까꿍', '빠이 빠이'처럼 의미가 통하는 말을 훨씬 많이 사용하고 있었다. 그것뿐만이 아니었다. A 엄마의 아기는 놀다가 조금만 마음에 안 들어도 징징거리는데 친구의 아기는 그렇지 않았다. 왠지 모르게 더 안정적인 느낌을 주었다.

다른 아이와 비교하면 안 된다고 하지만, 순간 엄마는 속으로 걱정과 궁금증이 생겼다. '내가 뭘 안 했지? 저 친구는 아기를 어떻게 키운 거지?' 친구의 성격은 밝고 유쾌한 편인데 자신은 말이 적은 편이라 그것이 영향을 준 것 같기도 하다. 고민 끝에 A 엄마는 조심스럽게 물었다.

"애가 말이 빠르네. 어떻게 한 거야?"
"아, 조금씩 발달 속도가 다르다잖아. 걱정 안 해도 돼. 좀 있으면 금방 잘하게 될 거야."
"혹시 그림책 같은 거 읽어 주니?"
"응, 자주 읽어 주지. 넌?"
"언제부터 읽어 준 거야?"
"처음부터. 어디서 들었어. 태어나자마자 책 읽어 주는 게 중요하다고."

"스마트폰은 보여 줘?"

"아니. 24개월까진 절대 보여 주지 말라잖아."

　　A 엄마는 더 이상 말을 잇지 못했다. 자신은 몰랐고 친구는 알았던 중요한 사실이 있었음을 깨달았다. 아기에게 말을 많이 걸어 주어야 했고 책을 읽어 주어야 했으며 스마트폰은 보여 주지 않았어야 했다.

　　아기의 언어 발달과 정서·인지 발달에 영향을 주는 핵심 요인이 있다. 크게 세 가지인데, 첫째는 아기에게 얼마나 많은 말을 들려주고 상호작용했는가이고, 둘째는 얼마나 자주 책을 읽어 주었는가이다. 그리고 셋째는 스마트폰과 태블릿 등 미디어 노출을 자제했는가이다. 즉, 아기에게 자주 말 걸어 주고, 책도 많이 읽어 주고, 최소한 생후 24개월까지 미디어는 보여주지 않는 것이 바람직하다. 그 차이가 이렇게 불과 12개월 만에도 나타난다. 그런데 미디어 노출을 하지 않는다 해도 말수가 적은 부모는 불리할 수밖에 없다. 이를 보완하기 위해서라도 아기에게 그림책을 읽어 주는 일은 필수적이다.

　　아기에게 중요한 것은 너무 많다. 먹기, 잠자기, 배변, 놀기, 신체 활동 등 그 어느 것 하나 부족함이 없이 충분해야 한다. 그러니 아기의 전인적 발달이 꼭 그림책을 읽어 주는 것에만 달린 것은 아니다. 그림책이 없던 시절에도 아이들은 잘 자랐으니 말이다. 하지만 지금은 상황이 다르다. 제한된 환경, 바쁜 생활, 주변 사람들과의 상호작용 부족 등 예전에 비해 달라진 점들이 너무나 많다. 그리고 미디어의 영향력은 강력하다. 부모가 의식적으로 차단하지 않으면 아기의 발달을 방해하는 강력한 장애물이 될 수 있다. 게다가 부모는 집에서도 할 일이 너무 많고 바쁘다. 아기를 아무리 사랑하고 그 사랑을 전하고 싶어도 정작 가장 중요한 아기와의 상호작용 시간은 부족하기만 하다.

이제 아기에게 더 깊은 사랑을 전하는 새로운 방법이 필요하다. 아기는 부모의 목소리를 들으며 안정감을 느끼고, 호기심 가득한 눈동자로 세상을 배우고, 말을 익히고, 듣고, 기억하고, 판단하는 능력을 키워 간다. 그리고 이 모든 것을 가장 효과적으로 도와주는 것이 바로 그림책 육아다.

이제 0~3세 아기에게 왜 그림책 육아가 필요한지, 그리고 어떻게 해야 하는지 하나씩 알아보자.

아기를 위한 최고의 선물, 그림책 육아

아기의 뇌는 하루하루 어떻게 성장할까?

아기가 눈을 반짝이고 미소 짓는 것은 어떤 의미일까? 지금 보고 듣고 만지고 느끼는 모든 것을 기억할 수 있을까? 아무리 말을 해 줘도 내용을 알아듣지 못하는 것 같은데 무엇을 배우고 습득하고 뇌 속에 저장하고 있는 걸까? 아기를 바라보고 있으면 온갖 호기심과 궁금증이 생긴다. 사실 눈에 보이지 않을 수 있지만 아기는 매 순간 엄청난 변화와 성장을 이루고 있다. 부모와의 상호작용과 다양한 자극이 중요한 이유이다.

처음엔 어디를 보는지 알 수 없다가 2~3개월 정도가

되면 엄마, 아빠와 눈을 맞추며 교감하는 사회적 미소를 짓기 시작한다. 이 작은 변화만으로도 부모는 감동을 느낀다. 그렇게 하루하루 먹고 잠만 자고 누워만 있던 아기가 몇 달 지나지 않아 몸을 뒤집으려 애쓰기 시작한다. 아기의 몸짓은 점차 발달하고 어느 순간 두 팔과 다리로 안간힘을 쓰며 붙잡고 일어선다. 그리고 마침내 12개월 전후로 걸음마를 시작한다. 그 사이 의미 없는 쿠잉 소리는 점점 옹알이로 변하고, 어느 날 "엄마", "아빠"라고 부르는 순간이 찾아온다. 1년 만에 이루어지는 이 놀라운 변화는 정말 경이롭다.

 이 모든 것이 가능한 이유는 바로 아기의 뇌가 끊임없이 발달하고 있기 때문이다. 누워만 있거나, 바닥을 기어다니기만 하는 아기를 보면 언제 클까 막막하지만, 사실 아기의 뇌는 엄청나게 빠르게 성장하고 있다. 가만히 누워 있는 것처럼 보이는 순간에도, 바닥을 기어다니는 순간에도, 아기의 뇌는 엄청난 속도로 정보를 받아들이고, 수많은 뇌세포가 새롭게 생성되며 거대한 연결망을 형성하고 있다. 뇌과학자들은 영아기의 뇌 발달을 '현미경으로만 볼 수 있는 불꽃놀이'라고 표현한다. 그만큼 경이롭고 폭발적으로 이루어지는 변화다. 그리고 이러한 밀도 높은 뇌의 성장은 생후 3년 동안만 유일하게 일어난다.

아기의 뇌 발달에 대해 좀 더 알아보자. 갓 태어난 신생아의 두뇌 무게는 약 350~400g 정도이다. 놀라운 점은 생후 12개월 동안 아기의 뇌가 2배 이상 성장한다는 사실이다. 그렇다면 이 시기의 뇌 성장은 단순히 크기만 커지는 것일까? 절대 아니다. 뇌세포의 생성과 시냅스(신경 연결망)의 발달이 가장 활발하게 이루어지는 시기가 바로 생후 12개월까지이다. 그래서 이 과정에서 아기의 언어 발달과 인지 발달의 기초가 형성된다. 따라서 A 엄마와 B 엄마의 아기가 생후 12개월 동안 경험한 것에 따라 발달에서 차이가 나는 것은 너무나 자연스러운 일이다.

아기의 뇌는 주변 환경과 상호작용하며 자극을 받고 수많은 정보를 학습하고 저장하는 과정 속에서 성장한다. 이 시기에 아이가 얼마나 다양한 감각을 경험하고, 얼마나 많은 언어 자극을 받으며 얼마나 풍부한 상호작용을 하느냐가 아기의 인지적, 정서적 발달에 결정적인 영향을 미치는 것이다. 바로 지금 이 순간도 아이는 주변을 탐색하며 배우고 습득하고 생각하고 문제를 해결하는 인지적 능력을 키워 가고 있다.

뿐만 아니라 이런 뇌 발달은 정서 발달의 근간이 된다. 이 시기에 외부 자극에서 받는 스트레스를 감내하고 마음을 회복하는 스트레스 대응체계와 자신의 정서와 감정을 조절하는 자기 조절 시스템의 기본 틀이 아기의 뇌에서 만들어지기 때문이다. 정말이지 매우 중요한 사실이다. 이 시기에 만들어진 스트레스 대응체계와 자기 조절 시스템은 아이가 평생 사용하는 성격구조로 자리 잡게 된다. 이는 스트레스를 많이 받고 불안을 자주 느낀 아기는 앞으로의 삶에서 남들보다 더 예민하고 불안을 잘 느끼는 감정 체계가 만들어진다는 의미가 된다.

태어날 때 성인의 약 25퍼센트 수준이던 아기의 뇌는 생후 3년이 되면 성인 뇌의 80퍼센트까지 성장하며 이후로는 점차 성장 속도가 느려진다. 이 사실만 보아도 생후 3년간의 뇌 발달이 아이의 인생에서 얼마나 중요한지를 알 수 있다. 우리는 뇌가 생각하고 느끼며 판단하는 대로 행동하며 삶의 모습을 만들어 가니 말이다.

이 시기는 아기의 뇌가 급격히 성장하며 삶의 기반을 형성하고 방향을 결정하는 중요한 시기다. 그래서 오감을 통해 받아들이는 모든 정보를 뇌에 입력하는 생후 3년 동안을 '뇌 발달의 민감기'라고 한다. 이 시기의 정서적·인지적 경험은 명확하게 기억되지 않더라도 뇌에 깊이 새겨진 암묵적 기억으로 남아 이후 아이가 세상을 인식하고 받아들이는 방식을 결정하게 된다.

오감이 자라는 그림책 육아

과거에는 아기가 태어나 마주하는 세상이 더 풍요로웠다. 인위적인 환경을 의미하는 것이 아니다. 오감을 자극하는 최적의 환경인 자연이 가까이에 있었고, 더 많은 사람들과 함께 어울렸다. 아기는 자연스럽게 어른들이 오가며 대화를 나누는 것을 보고 들을 수 있었고 여러 어른들이 아기에게 말을 걸어 주며 일상의 다양한 경험을 공유했다. 또한 집안일이나 행사들을 보고 듣고 체험하는 일도 지금보다 많았다. 이렇게 과거에는 아기들이 오감을 총동원해 세상을 배울 수 있었기에 그림책 없이도 충분히 다양한 경험을 하며 성장할 수 있었다.

그러나 현대의 아기들은 제한된 환경에서 성장하고 있다. 아무리 아기방과 침대를 예쁘게 꾸미고 최고급 장난감과 모빌을 갖춰도 어딘가 부족함이 느껴진다. 주 양육자인 엄마가 혼자 아기를 돌보는 시간이 대부분이어서 더욱 그렇다. 엄마는 아기에게 끊임없이 말을 걸고 놀아 주려 애쓰지만 폐쇄된 아파트 공간에서 정신적 활력을 유지하며 상호작용하기란 쉽지 않다. 온갖 감각 놀이 장난감이 출시되었지만 영혼을 갈아 넣어 놀아 주어야 하는 것은 온전히 엄마의 몫이다. 결국 아기의 가장 중요한 생후 3년이 예전만큼 풍요롭지 못한 환경 속에서 지나가고 있는 것이다.

이처럼 제한된 현대 환경에서 아기에게 줄 수 있는 가장 강력한 대안이자 최고의 선물이 바로 그림책 육아다. 그림책은 아기의 발달에 맞춰 시각, 청각, 촉각을 자연스럽게 자극하면서도 엄마의 포근하고 다정한 사랑을 담아낼 수 있다. 다른 방법에 비해 수월하고 효율적으로 아기의 감각과 정서를 풍부하게 키워줄 수 있는 최적의 선택이 그림책 육아라는 사실은 부인하기 어려울 것이다.

정서적·인지적 발달에 필요한 모든 것, 그림책에 다 있다

"그림책이 없던 시절에도 아이들은 잘 자랐잖아요."
"훌륭한 사람들이 전부 그림책을 보고 자란 것도 아니잖아요."

그림책 육아의 중요성을 강조할 때마다 자주 듣는 반문이다. 틀린 말은 아니다. 하지만 이 주장은 시대적 환경 변화를 간과하고 있다. 과거에는 자연과 어우러진 생활 속에서 아기들이 다양한 감각 자극을 풍부하게 경험할 수 있었다. 하지만 오늘날은 다르다. 디지털 미디어가 깊숙이 침투한 현대 사회에서 아기들은 발달에 이점보다 해로운 점이 더 많은 환경에 쉽게 노출되고 있다. 이는 발전이 아니라 퇴보라고도 할 수 있다.

그렇기 때문에 전문가들은 신생아를 위한 첫 번째 놀잇감으로 모빌과 함께 초점 그림책을 권한다. 이제 그림책은 신생아를 위한 대표적인 선물로 자리 잡았으며 많은 부모가 아기에게 다양한 자극을 주고 싶거나, 어떻게 말을 걸어야 할지 고민될 때 그림책을 활용한다. 특히 부모가 원래 말이 많지 않은 경우에 그림책은 자연스럽게 상호작용을 유도하는 도구가 된다.

처음에는 아기가 별다른 반응을 보이지 않는 것처럼 느껴질 수도 있다. 하지만 조금만 주의 깊게 보면 엄마, 아빠가 책을 읽어 줄 때 아기는 더욱 집중해서 바라본다. 그리고 부모는 아기의 반응을 보며 본능적으로 '내가 잘하고 있구나.' 하는 확신을 얻는다. 특히 매 순간 부모의 손길이 필요한 0~3세 시기에는 그림책 읽어 주는 시간이 부모에게도 편안함과 행복감을 주는 순간이 된다.

게다가 그림책에는 아이의 정서적, 인지적 발달에 필요한 모든 요소가 담겨 있다. 여기에 부모의 편안하고 다정한 목소리와 스킨십이 더해지면 아기의 정서 발달에 큰 도움이 된다. 또한 그림책을 읽어 줄 때 보이는 아기의 작은 반응들은 우리 아이의 기질을 더 깊이 이해할 수 있는 단서가 된다. 이렇게 그림책을 통해 아이는 자연스럽게 언어 자극, 배경지식, 간접 경험을 쌓아 가며 자연스럽게 인지 능력을 키우게 된다.

아이에게 다양한 자극이 부족하면 아이의 발달은 뒤처질 수밖에 없다. 그럴 때 그림책은 부모와 아이 모두에게 최고의 처방이며 동시에 최고로 효과적인 발달의 보고가 된다. 책 읽어 주기의 효과는 수많은 연구를 통해 입증되었다. 부모가 자주 책을 읽어 준 아이는 생후 12개월, 24개월 시점에 더 많은 어휘를 구사하는 것으로 확인됐다. 반면, 태블릿·스마트폰에 자주 노출된 24개월 아이는 그렇지 않은 아이보다 어휘력이 부족한 것으로 나타났다. 생후 9개월부터 그림책을 읽어 준 아이는 3세가 되었을 때 어휘 표현력이 더욱 우수했다는 결과도 있다. 이처럼 그림책 읽어 주기는 아이의 성장과 발달을 위한 검증된 방법이다.

그러니 망설이지 말고 아기가 깨어 있거나 노는 시간 동안 그림책을 읽어 주자. 그림책은 우리 아이가 평생 독자로 살아가는 밑거름이 된다. 아이가 자라며 힘든 순간이 찾아오더라도 책 속에서 지혜를 얻고 스스로 삶의 시나리오를 써 나가게 되는 것이다. 이제 아기 성장 시기별로 어떤 그림책을 활용하고, 어떻게 상호작용하면 좋은지 함께 살펴보자.

아기는 어떻게 세상을
배우고 기억할까?

아기는 초점 그림책을 보고 있을까?

"초점 그림책을 펴 두면 과연 아기가 보기는 하는 걸까요?"

언제부터인가 초점 그림책은 모빌만큼이나 신생아 필수품으로 자리 잡았다. 보통 아기가 누워 있을 때 자연스럽게 시선이 닿는 침대 가장자리에 펼쳐 두고 보여 준다. 아기가 깨어 있을 때 그림책을 바라보는 듯한 모습을 보면 반갑지만 움직이는 모빌에 비해 초점 그림책에는 덜 관심을 보이는 것처럼 느껴지기도 한다. 그렇다면 초점 그림책은 정말 신생아에게 꼭 필요한 걸까?

초점 그림책을 사용해 본 부모들의 반응은 엇갈린다. "그냥 펼쳐 두기만 하는 거라 큰 의미가 없는 것 같아요.", "아기가 별로 관심을 보이지 않아요."라는 의견도 있고, 심지어 "초점 그림책 없이도 아이가 잘 자라고 초점도 잘 맞추던데요." 하며 필요 없다는 부모도 있다. 반면 초점 그림책이 꼭 필요하다고 말하는 부모들도 많다. 그렇다면 왜 어떤 부모들은 초점 그림책을 필수라고 하고, 또 어떤 부모는 굳이 필요하지 않다고 생각하는 걸까?

이러한 차이는 초점 그림책의 역할을 오해한 데서 비롯된 것일 가능성이 있다. 초점 그림책을 마치 신생아의 시력 발달을 위한 '초점 맞추기 연습 도구'처럼 여기는 경우가 많기 때문이다. 하지만 초점 그림책의 핵심 가치는 시력을 훈련하는 것이 아니다. 이에 관해 지혜로운 판단을 하기 위해서는 아기 발달에 관한 기본 지식을 먼저 익혀야 한다.

아기는 어떻게 세상을 배울까? - 습관화와 탈습관화

영아는 어떻게 세상을 배우고 정보를 습득할까? '습관화'라는 개념이 있다. 이는 영아가 세상을 배우는 가장 기본적인 학습 형태 중 하나다. 이 개념을 이해하면 초점 그림책을 어떻게 보여 주고, 어떻게 말해 주어야 하는지도 명확해진다.

습관화란 영아가 특정 자극에 반복적으로 노출되면서 점점 덜 반응하게 되는 현상을 의미한다. 쉽게 말해, 익숙해진 대상에 대해서는 굳이 정신적 에너지를 쏟지 않아도 자연스럽게 이해하게 되는 과정이다. 예를 들어, 아기 침대 위에 모빌을 달아 두면 처음에는 신기해서 집중하지만 시간이 지나면서 점점 관심을 덜 기울이고 무시하게 된다. 이렇게 자주 보고 익숙해진 대상, 이미 잘 아는 대상에 대한 관심이 줄어드는 현상을 습관화라고 한다.

영아는 익숙한 정보에 습관화되면 자연스럽게 새로운 자극을 탐색하기 시작한다. 이때 새로운 자극이 주어지면 다시 관심을 회복하여 바라보고 반응하는데 이를 탈습관화라고 한다. 즉, 새로운 자극이 들어왔을 때 다시 관심과 반응이 증가하는 과정이다. 이처럼 아기는 '주의를 기울이고, 익숙해지고, 다시 새로운 자극을 찾는 과정'을 반복하면서 점점 더 높은 수준의 학습을 해 나간다.

습관화와 탈습관화는 익숙한 자극에 불필요한 시간과 에너지를 낭비하지 않고 반대로, 새로운 자극에는 집중적으로 에너지를 쏟아 중요한 정보를 습득하여 세상을 효율적으로 배우고, 끊임없이 성장할 수 있게 해 주는 중요한 인지적 능력이다.

놀랍게도 아기는 신생아기부터 새로운 자극을 선호하며 익숙해지면 점차 관심을 잃고 다시 새로운 자극을 원한다. 이 과정에서 이미 습관화된 자극이 다시 등장하면 주의를 기울이는 데 필요한 시간과 노력이 줄어들고 반복적으로 주어진 자극을 변별하면서 점차 범주화 능력이 발달한다. 범주화란 특정 집단을 하나의 범주로 묶어 사물을 분류하는 인지적 과정이다. 예를 들어 아기가 처음에는 곰, 토끼, 강아지, 장미꽃, 느티나무 등의 개별적인 이름을 익히다가 점차 동물과 식물이라는 상위 개념을 이해하는 방식이다. 이는 지식의 구조화를 가능하게 하며 인지 발달에 중요한 역할을 한다.

이러한 관점에서 보면 아기의 시각을 자극하는 초점 그림책이 필요한 이유도 이해할 수 있다. 신생아는 태어난 직후부터 움직이는 물체를 지각하는 능력을 가지고 있으며 움직이는 자극을 눈과 머리로 추적하는 반응을 보인다. 연구에 따르면, 생후 2주밖에 되지 않은 영아들도 움직이는 자극과 정적인 자극을 동시에 제시했을 때 움직이는 자극에 더 집중하는 경향을 보인다. 심지어 한 물체가 움직이다가 칸막이에 가려져 보이지 않게 되더라도 그 물체가 여전히 칸막이 뒤에서 이어진다는 사실을 인식할 수 있다는 것도 밝혀졌다.

초점 그림책이 필요한 진짜 이유

영아의 시각 발달 연구에 따르면 생후 한 달 정도가 되면 제시된 형태의 일부만을 탐지할 수 있으며, 두 달이 되면 그림의 다양한 부위를 시각적으로 탐색하는 것이 가능해진다. 또한 단순하고 익숙한 패턴보다는 새로운 시각적 형태나 모양을 더 선호한다. 생후 4~5개월의 영아에게 어른의 얼굴을 다양한 방향으로 제시했을 때, 누워 있는 것보다 똑바로 세워진 것을 보고 더 자주 웃으며, 인식도 역시 높은 것으로 나타나기도 했다.

대부분의 시간을 잠으로 보내는 신생아기에는 아기가 초점 그림책을 제대로 보는 것 같지 않다고 생각할 수도 있다. 하지만 실상은 다르다. 영아는 깨어 있는 동안 시각을 통해 끊임없이 세상을 탐색하고 배우고 있다. 조금만 세심하게 살펴보면 민감한 부모들은 쉽게 이 사실을 알아차릴 수 있다. 예를 들어, 초점 그림책을 보여주면 처음에는 주시하다가 점차 익숙해지고 지루해지면 고개를 돌리거나 눈빛에서 흥미를 잃어가는 모습을 확인할 수 있다. 따라서 우리는 아기에게 새로운 자극을 주고 변화를 주어야 한다.

새로운 자극을 준다. → 익숙해지고 흥미를 잃으면 다시 새로운 자극을 제공한다.

이 과정이 반복되면서 아기는 점점 더 넓은 세계를 인식하고 학습해 나간다. 따라서 아기의 시각 발달 수준에 맞춰 부모가 자주 얼굴을 마주 보고 미소를 짓거나, 아기의 관심을 끌 수 있는 초점 그림책을 보여 주는 일은 매우 중요하다. 부모의 작은 노력 하나하나가 아기의 인지 발달에 큰 영향을 미친다는 점을 기억하자. 다음은 아기의 시각 발달의 정도를 알려 주는 표다.

월령별 시각 발달 정도

월령	시각 발달 정도
신생아	아직 응시능력이 부족하고 색깔을 변별하지 못한다. 시력은 0.05 정도이다.
1개월	움직이는 사람의 얼굴을 천천히 따라갈 수 있으며 검고 흰 물체, 특히 흑백의 체크무늬와 각이 있는 디자인을 선호한다.
2개월	수평 움직임보다 수직 움직임을 따라가고 붉은색과 노란색 정도의 색깔을 보기 시작하며 여전히 검고 흰 물체를 선호한다.
3개월	안구 운동이 좀 더 조절되기 시작하면서 눈을 맞추기 시작하며 친숙한 얼굴을 바라보고 미소 짓는 사회적 미소가 나타나기 시작한다. 검고 흰 물체와 색깔(주로 붉은색과 노란색) 있는 물체에 관심을 보이고 시각적 자극과 행위(예를 들어 우유병과 먹기)를 연결하기 시작한다.

4~5개월	자신의 손을 응시하고 손에 있는 물체를 시각적으로 탐색한다. 안구운동이 부드러워지며 가까운 곳에서 먼 곳으로 시선을 쉽게 이동한다. 눈으로 본 물건에 손을 뻗는 등 눈과 손의 협응력이 이루어지기 시작한다.
6개월	시력이 0.2 정도 된다. 안구 운동이 잘 통제되고 부드러워지며 손을 뻗어 목표물을 잡을 수 있고, 물체가 떨어지는 것을 흥미롭게 보며 물체가 사라진 곳을 응시하기도 한다.
12개월	초점거리가 2m 정도까지 늘어난다. 물건의 모양과 색 형태를 알고 구분할 수 있다. 눈의 움직임이 자유로워져 작은 사물과 색의 명암을 뚜렷하게 구분한다. 만 1세가 지나면 시각 발달 검사가 필요하다.
만 3~4세	3~4m 거리에 있는 물체에 초점 맞추기가 가능하다. 바른 자세로 책을 보도록 지도하는 것이 좋다. 혹시 TV나 미디어를 보면 눈을 쉴 수 있도록 해야 한다.
만 6세	성인 표준 시력인 1.0에 도달한다. 5m 정도까지 초점거리가 확대된다.

아기는 듣는 것을 기억할 수 있을까?

아기의 청각 발달, 태아기부터 시작된다

아기의 청각 발달은 어떻게 이루어질까? 아기에게 말을 많이 해 주어야 한다고 하지만 정작 아기가 제대로 듣고 있는지 확인할 방법이 없어 많은 부모들이 의문을 갖는다.

"아이에게 말을 많이 하는 게 왜 중요한가요?"
"열심히 말을 들려주면 아기가 기억하나요?"

말을 걸어도 반응이 미미하고 대답할 수도 없으니 계

속 말을 거는 것이 쉽지 않다. 그나마 아기가 부모의 얼굴을 바라보는 것 같거나 배냇짓이지만 웃는 것 같이 보이면 어느 정도 듣고 있다는 희망을 품고 말을 이어가지만, 이러한 막연한 기대감만으로 지속적인 상호작용을 이어가는 것은 쉬운 일이 아니다. 따라서 부모가 꾸준히 아기에게 말을 건넬 수 있으려면 단순히 필요하다는 말만 듣고 따라 하는 것이 아니라, 실제로 아기의 청각이 어떻게 발달하는지, 듣는 경험이 두뇌 발달과 언어 습득에 어떤 영향을 미치는지에 대해 구체적으로 이해하는 것이 중요하다.

     청각 발달은 아기의 언어 발달과 가장 밀접한 관련이 있다. 말소리를 들어야 기억하고, 기억해야 언어로 표현할 수 있다는 것은 너무나 명백한 사실이다. 신생아기의 정상적인 청각 발달은 언어와 인지 발달의 가장 기본적인 요소이며, 특히 청각을 담당하는 대뇌 영역은 소리 자극을 받아야 신경망이 활발하게 발달한다. 따라서 아기가 태어나자마자 하는 신생아 청각선별검사는 매우 중요하다. 대부분의 출생 병원에서 기본적으로 실시하는 검사이며 부모는 반드시 아기의 청각이 정상적으로 발달하고 있는지 확인해야 한다.

     그렇다면 아기는 언제부터 소리를 듣기 시작할까? 신기하게도 청각 기관은 엄마 뱃속에서부터 발달하기 시작한다. 임신 6주쯤이면 귀가 만들어지기 시작하고, 5개월 정도가 되면 내이와 와우(달팽이관)가 거의 성인의 형태를 갖추며 청신경 기능 발달도 완성된다. 즉, 아기는 태어나서 처음 소리를 듣는 것이 아니라 임신 5~6개월 무렵부터 외부에서 들려오는 소리를 감지할 수 있다. 따라서 태동을 느끼기 시작하는 시기부터 부모가 배를 어루만지며 말을 걸고 이야기를 들려주는 것이 매우 중요하다. 좋은 글이나 시, 노래를 들려주는 것도 이때부터 시작하면 좋다.

　　임신 중에 들려준 이야기를 아기가 태어난 후에도 기억하는지에 대한 연구가 있다. 실험에서 태아기에 들었던 이야기책을 출생 후 다시 들려주며 공갈 젖꼭지 빨기 반응을 살펴본 결과, 처음 듣는 이야기에는 특별한 반응을 보이지 않았지만 태아기에 자주 들었던 이야기에는 더 적극적으로 반응하는 모습이 관찰되었다. 아기가 엄마 뱃속에서의 청각적 경험을 기억하는 것이다.

　　그렇다면 아기는 어떤 목소리를 더 좋아할까? 출생 후 2~3주 된 아기는 본능적으로 여자 목소리를 더 선호하며, 2~3개월이 되면 태아기부터 익숙하게 들어 온 엄마 목소리를 다른 사람의 목소리보다 빠르게 인식하고 반응을 보이기도 한다. 이는 엄마의 목소리에 대한 기억이 이미 태어날 때부터 뇌에 자리 잡고 있음을 의미한다. 엄마가 임신 중에 아기에게 자주 말을 걸고 책을 읽어 주는 것이 얼마나 중요한지를 알 수 있는 지점이다.

그렇다고 엄마 목소리만 계속 들려주라는 말이 아니다. 아기가 소리를 들을 수 있는 임신 5~6개월 무렵, 즉 태동기가 시작되면 엄마뿐만 아니라 아빠도 아기에게 자주 말을 걸어 주고 이야기를 들려주는 것이 좋다. 이는 청각 발달을 더욱 원활하게 만들고 이후 언어 습득에도 긍정적인 영향을 미친다. 다만, 남성의 낮고 큰 목소리는 아기가 본능적으로 무서워하는 경향이 있으므로 아빠도 부드럽고 따뜻한 목소리로 이야기를 들려주는 것이 좋다.

언어 발달을 돕는 부모의 역할

생후 2개월쯤 되면 아기는 "우, 구, 쿠"와 같은 목 울림에 가까운 발성, 즉 쿠잉(Cooing)을 하기 시작한다. 비둘기의 구구 우는 소리와 비슷하다고 해서 붙여진 이름이다. 아직 명확한 의미가 담긴 소리는 아니지만, 이는 옹알이의 초기 단계로 볼 수 있다. 이 시기에는 아기가 쿠잉을 하면 부모가 반응하며 적극적으로 말을 걸어 주는 것이 중요하다. 아기는 자신의 소리에 부모가 반응한다는 사실을 즐거워하며 부모의 말을 듣고 모방하는 과정에서 더욱 자주 소리를 내게 된다. 결국 이러한 경험은 언어를 배워 가는 기초가 된다.

　　　아기마다 언어 발달의 시기와 속도가 조금씩 다르다는 점도 중요한 사실이다. 어떤 아기는 2개월부터 쿠잉을 시작하지만, 또 어떤 아기는 6~7개월이 되어서야 비슷한 소리를 내기도 한다. 이때 언어 발달 기준은 언제나 범위를 기준으로 이해해야 한다. 즉, 보통 아기가 쿠잉을 하는 시기를 2~7개월, 옹알이를 하는 시기를 6~11개월이라고 보는데, 아기가 11개월에 옹알이를 시작하더라도 이는 정상적인 발달 과정으로 보아야 한다.

　　　옹알이는 구체적인 단어와 문장을 말하기 이전에 내는 소리로 뭔가를 표현하려는 건 분명하다. 따라서 아기가 옹알이를 할 때 엄마, 아빠가 기분 좋게 대답하고 지속적으로 말을 걸어 주면, 아기는 더욱 적극적으로 소리를 내며 부모와 상호작용하려 한다.

　　　아기가 엄마, 아빠의 말을 듣고 점차 이해하기 시작하는 과정은 무척 흥미롭다. 생후 7개월 전후가 되면 아기가 옆에 놓인 가위를 만지려 할 때 부모가 단호한 표정으로 "안돼."라고 말하면 아기는 행동을 멈춘다. 이는 단순히 소리를 듣는 것이 아니라 엄마의 표정을 보고 그 의미를 해석하는 과정까지 포함된 반응이다. 이렇게 부모의 말을 들으며 옹알이를 하던 아기는 보통 12개월 전후로 "엄마", "아빠" 같은 첫 단어를 발음하기 시작한다. 전혀 의미 없이 들리던 소리들이 어느 순간 정확한 뜻을 가진 단어로 변하는 모습은 신비롭기까지 하다.

그렇다면 만약 "엄마", "아빠" 같은 말을 아기에게 자주 들려주지 않았다면 아기가 정상적으로 이 단어를 말할 수 있었을까? 절대 그렇지 않다. 아기의 언어 발달은 충분한 청각적 자극을 통해 이루어지기 때문이다. 이를 뒷받침하는 사례들이 있다. 오래된 기록이지만 어린 시기에 버려져 늑대의 젖을 먹으며 자란 인도의 한 소녀는 8살에 발견된 후 아무리 언어 교육을 받아도 몇 개의 단어밖에 익히지 못했고, 결국 18살에 사망할 때까지 정상적인 언어 사용이 불가능했다. 또 다른 사례로, 부모에게 학대당하고 사회적으로 고립되었던 한 아이의 경우를 들 수 있다. 이 아이는 6살에 발견되었을 때 언어를 거의 사용하지 못했고 인지 발달 수준도 2세 정도에 머물러 있었다.

모두 극단적인 사례이지만 아기의 언어와 인지 발달이 충분한 애정과 풍부한 청각적 자극을 바탕으로 이루어진다는 사실을 분명히 보여 준다. 결국 아기가 언어를 배우고 건강하게 인지 발달을 하기 위해서는 엄마, 아빠가 사랑을 듬뿍 담아 자주 말을 걸어 주어야 한다. 이러한 상호작용이 부모와 아이가 함께 성장하는 소중한 밑거름이 되는 시간이라는 점을 잊지 말자.

한편, 아기를 불렀을 때 잘 반응하지 않는 경우라면 단순히 청각의 문제가 아닌 '청지각'의 문제일 가능성도 고려해야 한다. 청각이 단순히 소리를 감지하는 감각이라면 청지각은 들은 소리를 이해하고 기억하며 이전의 경험과 연결하여 회상하거나 새롭게 인식하는 능력을 말한다. 소리를 듣는 기능 자체에는 이상이 없지만 청지각에 문제가 있다면 이는 자폐스펙트럼이나 발달 지연의 징후일 수도 있다.

청지각에 어려움이 있는 아기는 소리의 방향을 잘 찾지 못하거나 특정 소리에 과민하게 반응하고, 듣고 집중하는 데 어려움을 겪으며, 언어 발달이 지연될 수도 있다. 이러한 경우 이른 시기에 정밀 검사를 받는 것이 매우 중요하다.

그런데 아기의 청지각을 키우는 좋은 방법 또한 부모가 스킨십과 눈맞춤을 하며 자주 말을 걸고 대화하는 것이다. 미디어 노출을 최대한 제한하고 자연 속에서 다양한 소리를 경험하게 하는 것도 청지각 발달에 큰 도움이 된다. 예를 들어, 개울가에서 흐르는 물소리를 들으며 물을 직접 만지고 물장구를 치는 경험을 통해 아이는 소리에 더 집중하고 이해하는 능력을 키울 수 있다.

아기를 키우는 좋은 양육의 기본 원리는 어느 영역에서든 크게 다르지 않다. 부모의 사랑이 담긴 손길과 눈맞춤, 미소 짓는 표정과 다정한 목소리로 말을 걸어 주며 흥미로운 자극을 제공하고 대화를 나누는 것이 핵심이다.

　　우리 아이의 언어와 인지 발달이 조금 늦다고 너무 걱정하기보다는 한 달 전과 비교해 어떤 속도로 성장하고 있는지 관찰하는 것이 더욱 중요하다. 특정 부분의 발달이 더디다고 느껴진다면 앞으로 소개할 그림책 육아를 즐겁게 실천해 보자. 아이의 정서, 언어, 인지 발달에 긍정적인 변화를 가져올 수 있을 것이다.

초점 그림책,
상호작용이 중요해요

신생아에게 말 걸기 초점 그림책이 필요한 이유

신생아의 첫 그림책은 초점 그림책이다. 이 시기의 아기는 아직 색깔을 명확하게 구분하지 못하기 때문에 대부분의 초점 그림책은 흑백 그림으로 되어 있다. 그래서 흑백 그림책이라고도 불린다. 하지만 초점 그림책은 아기의 시각적 초점을 맞추기 위한 책이기도 하지만 부모가 말을 들려주기 위한 책이기도 하다. 따라서 '말 걸기 초점 그림책'이라는 명칭이 더 적절하다.

    신생아에게 말 걸기 초점 그림책을 보여 주는 것이 중

요한 이유를 알기 위해서는 먼저 아이가 어떤 방식으로 보고 배우는지 알아야 한다. 아기는 단순히 허공을 멍하니 바라보는 것이 아니라 적극적으로 시각과 청각을 통해 세상을 배우고 있다.

1960년대 미국 심리학자 로버트 판츠(Robert Fantz)는 신생아가 모양이나 형태를 지각할 수 있는지를 최초로 연구했다. 연구에 따르면 생후 5일 미만의 신생아는 단색 표면보다 흑백 패턴을 더 오래 바라보았다. 이는 신생아가 형태를 인식하는 능력을 선천적으로 가지고 있음을 보여 준다. 이후 진행된 연구에서는 빨강, 흰색, 노랑, 원, 사람 얼굴 등 다양한 시각적 자극을 제시하고 신생아의 눈 움직임을 기록하며 형태를 구분할 수 있는지를 관찰했다. 그 결과 신생아는 색보다 모양 자극을 더 자주 주시하며 둥근 원이나 곡선을 선호하는 경향을 보였다. 또한 사람 얼굴을 볼 때는 눈 주변을 가장 오래 응시하는 특징을 보였다.

생후 3~5개월 된 아기들을 대상으로 한 실험에서는 먼저 원 모양을 보여주고 익숙해지는 습관화 과정을 거쳤다. 이후 원 모양과 십자 모양을 동시에 제시했을 때, 아기들은 새로운 자극인 십자 모양을 더 오래 주시하는 경향을 보였다. 이는 아기가 익숙한 원 모양을 일반적인 형태로 인식하는 인지적 표상을 형성했음을 의미한다. 또한 신생아가 새로운 시각적 자극을 습관화하고 다시 반응을 회복하는 데 약 3~4분의 시간이 필요하다는 사실도 발견되었다.

아기 뇌가 쑥쑥 자라는 초점 그림책 상호작용

앞에서 다루었듯이 갓 태어난 아기는 아직 명확한 실체가 잘 보이지 않지만 단색보다는 형태나 사람 얼굴에 더 집중한다. 이는 엄마, 아빠의 얼굴을 자주 보여 주며 말을 거는 중요하다는 것을 알려 준다. 또한 아기에게 초점 그림책을 보여줄 때는 그냥 펼쳐 놓기만 하지 말고, 약 3~4분 간격으로 책장을 넘기며 새로운 그림을 제시해 주는 것이 효과적이라는 것도 알 수 있다. 처음에는 아기가 그림책을 그리 오래 쳐다보지 않을 수도 있다. 하지만 한두 달이 지났을 때는 분명 아기가 그림책을 주시하는 시간이 점점 늘어나는 것을 확인할 수 있을 것이다. 그렇다고 시간을 재어 가며 해야 한다는 말이 아니다. 아기에게 젖을 주고 기저귀를 갈아 주며 잠시 놀아 줄 때 초점 그림책을 보여 주며 말을 걸면 된다.

여기서 중요한 것은 초점 그림책을 단순히 펼쳐 두기만 하면 된다는 생각에서 벗어나는 것이다. 초점 그림책의 진짜 가치는 부모가 아기에게 지속적으로 말을 걸고 상호작용하면서 활용할 때 나타난다. 물론 부모들이 그림만 있는 책을 펼치고 자연스럽게 아기와 대화하는 것이 생각만큼 쉬운 일은 아니다. 평소 아이와 자유롭게 소통하는 데 익숙한 부모라면 그림이 잘 표현된 초점 그림책을 선택해 활용하면 된다. 하지만 아기와 어떤 이야기를 나누어야 할지 막막하고 부담스러운 부모라면 그림만 있는 초점 그림책보다는 읽어 줄 수 있는 글이 포함된 초점 그림책을 골라 활용하는 것이 효과적이다. 그렇게 하면 좀 더 편안한 마음으로 아기와 소통하며 아이의 시각과 청각 발달을 도울 수 있을 것이다.

말 걸기 초점 그림책에 '머스트 해브 북(Must Have Book)'이라는 별명이 붙은 이유는 명암 대비가 뚜렷한 그림을 통해 아기의 시각 발달을 촉진할 뿐만 아니라 부모가 책을 보며 들려주는 말이 청각 발달을 돕고, 애정 어린 눈빛과 따뜻한 손길, 부드러운 목소리가 정서 발달까지 돕기 때문이다.

신생아는 생후 1~2개월까지 색을 구분하는 능력이 미숙하지만 엄마와 아빠의 얼굴에서 눈, 코, 입의 윤곽선을 희미하게 인식하며 시선을 따라가는 능력은 가지고 있다. 이 시기에 아기는 부모의 다정한 표정과 목소리에 가장 잘 반응하므로 눈을 맞추고 따뜻한 목소리로 말을 걸어 주는 것이 중요하다. 또한 이 시기의 아기는 크고 선명한 흑백의 동심원, 단순한 대비를 이루는 체크무늬, 삼각형이나 사각형 같은 각이 있는 그림에 집중을 잘한다.

생후 2개월이 지나면 아기는 붉은색과 노란색을 보기 시작하고 3개월 무렵부터는 안구 운동이 조금씩 조절되기 시작하므로 컬러 초점 그림책이 필요해진다. 시중의 초점 그림책은 대부분 흑백과 컬러를 함께 제공하는 경우가 많으므로 시기에 맞게 적절히 활용하면 좋다.

신생아기부터 초점 그림책을 활용하는 것이 중요한 이유는 과학적으로도 증명되었다. 연구에 따르면, 생후 3개월 무렵에 반복적인 자극에 더 빠르게 습관화된 아기가 4세에 실시한 지능 검사에서 더 높은 점수를 기록했다. 또한 생후 5개월에 시각적 주의를 기울이는 데 시간이 짧았던 아기가 시간이 오래 걸렸던 아기보다 24개월, 36개월, 48개월 무렵 정보 처리 능력이 더 뛰어나고 실행 기능도 더 우수한 것으로 나타났다. 이는 다양한 사물 그림에 대한 습관화와 탈습관화 경험이 많았던 아기일수록 정보 처리 속도가 더 효율적으로 발달한다는 의미가 된다.

그래서 신생아기부터 아기와 함께 초점 그림책을 보며 자연스럽게 습관화와 탈습관화 과정이 반복되도록 도와주는 것이 매우 중요하다. 틈틈이 아기와 함께 말 걸기 초점 그림책을 활용해 즐겁게 상호작용하는 것만으로도 아기의 시각·청각·인지 발달을 촉진하는 데 큰 도움이 될 수 있다.

말 걸기
초점 그림책

눈을 맞춰요(흑백 편&컬러 편)
NAMYO(그림), 포링고

아기 발달에 맞추어 흑백과 컬러 두 권으로 구성되어 있다. 아기가 시각적으로 잘 인식할 수 있는 사람 얼굴과 밝고 재미있는 표정이 담겨 있으며 "엄마랑 방긋방긋", "할아버지랑 메롱" 등 간단한 말놀이를 보고 배울 수 있다. 책을 펼치면 밝게 웃는 표정의 그림에 저절로 미소가 떠오른다. 엄마, 아빠의 말 걸기를 자연스럽게 이끌어 주는 책이기도 하다.

하양 까망(전2권)
류재수(글·그림), 보림

사람과 동물 모양의 엄마와 아기 그림이 담겨 있다. 다정한 느낌의 흑백 그림이 정서적 안정감을 주면서 흥미를 끈다. 단, 대사가 없으므로 부모가 말을 만들어 들려주어야 한다.
"엄마 코알라와 등에 업혀 있는 아기 코알라네."
"엄마 캥거루 주머니 속에 아기 캥거루가 들어있네. 아빠 오리랑 아기 오리가 서로 다정하게 바로 보고 있어."
이런 식으로 그림을 보며 말을 걸면 된다. 그림을 보고 표현만 해도 말을 만들기가 무척 수월하다.

베이비 초점책

애플비북스 편집부(글), 솔트앤페퍼(그림), 애플비북스

흑백 초점과 컬러 초점 그림이 양면으로 구성되어 있고 병풍처럼 펼쳐 둘 수 있다. 그렇지만 너무 길게 펼쳐 두기보다 한두 면을 접어 바꿔 가며 보여 주는 것이 좋다. 잠깐씩 음악 소리를 들려줄 수 있어 아기의 지루함을 줄이는 데 도움이 된다. 단, 소리를 줄여서 듣는 것이 좋다.

빙글빙글 주옥주옥

카시와라 아키오(글·그림), 비룡소

표지에서 보듯이 이 책은 흑백과 선명한 색의 대비가 특징이다. 그리고 의성어, 의태어를 활용한 대사가 있어 초점 책임과 동시에 듣는 책이기도 하다. 부모가 대사를 읽어 주며 자연스레 말을 추가하고 변형할 수 있어 시각 자극에 더해 청각적 자극도 자연스레 풍요로워진다.

실천 포인트 **아기와 눈 맞춤하며 책을 읽어 주세요**

① 아기에게 눈을 맞추며 자주 말을 걸자. 미소 짓는 표정과 밝은 목소리는 아이를 행복하게 한다.

② 책을 침대 옆에 펼쳐 세워 두고 아기가 볼 수 있도록 편한 자세를 만들어 주자. 손가락으로 그림을 짚어 가며 말을 걸자. 엄마, 아빠의 목소리를 듣는 일은 무척 즐거운 시간이 된다.

③ 습관화되는 데 걸리는 시간은 3~4분이다. 한 장을 보며 말을 걸어 주고 눈 맞추다가 잠시 기다린 후 다음 장을 넘기는 방식이 좋다.

④ 젖 먹이고 트림하고 잠시 안아서 놀다 눕힌 후 책을 보는 루틴을 만드는 게 좋다. 이렇게 하면 책을 보는 습관이 만들어진다. 물론 틈이 나는 대로 보는 것도 좋다.

⑤ 태아기 때 읽어 준 책을 다시 읽어 주자. 아기는 엄마 뱃속에서 들었던 이야기를 기억하고 더 좋아한다.

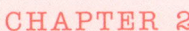

CHAPTER 2

4~6개월 | 감각이 열리는 순간!

오감이 자라나는
그림책 육아

100일부터 들려주는
옛이야기의 힘

처음 시작하는 이야기책

이제 말 걸기 초점 그림책의 필요성은 충분히 이해했을 것이다. 그렇다면 신생아기, 즉 태어나서 100일이 될 때까지 아기에게 초점 그림책만 보여 주면 충분할까?

인터넷에서 영아의 책 읽기에 대한 다양한 정보를 찾아보면 아직 제대로 보지 못하고 목도 가누지 못하는 시기이므로 초점 그림책 정도면 충분하다는 의견이 있는가 하면, 처음부터 사물의 어휘를 명확하게 접하는 것이 좋으므로 간단한 스토리가 있는 사물 인지 그림책이 적절하다고 설명하는 경우도 있다. 하지만 긴 이야기책에 대한 언급은 거의 없다.

그런데 의외로 신생아기부터 아기에게 이야기책을 읽어 주는 부모들이 종종 있다. 막연히 좋을 것 같다는 기대감으로 시도하는 경우도 있겠지만 대부분은 자신이 어린 시절 책을 좋아했던 경험이 있기 때문이다. 부모가 책을 좋아하고 그 가치를 알고 있기에 자연스럽게 아기에게 좋다는 확신이 생긴 것이다.

필자 역시 같은 경험을 했다. 퇴근 후 저녁 시간에 아기와 함께 시간을 보내려 해도 딱히 할 것이 없었고, 그냥 시간을 흘려보내면 안 되겠다는 생각이 들었다. 뭔가 의미 있는 것을 해 주고 싶어서 생후 5개월 즈음 처음으로 옛이야기 그림책을 읽어 주기 시작했다. 그리고 이는 점차 아기와 평화로운 교감이 이루어지는 시간이 되었다. 그리고 나중에 학자들의 연구를 통해 이 선택이 단순한 감각적 자극을 넘어 아이의 정서, 인지, 언어 발달에 매우 긍정적인 영향을 미치는 지혜로운 방법이었다는 사실을 확인할 수 있었다.

미국소아과학회(AAP, American Academy of Pediatrics)의 연구 결과와 권장 사항에 따르면, 신생아기부터 매일 책을 읽어 주는 것이 아이의 어휘 구사 능력과 대화 기술 형성에 도움이 된다. 그래서 소아과 전문의들은 부모들에게 매일 아기에게 책을 읽어 주도록 조언하고 있다. 2014년, 미국소아과학회는 문해력 증진을 1차 소아과 진료의 필수 구성요소로 발표하며 독서가 아이의 언어·인지·사회 정서 발달에 필수적인 역할을 한다는 점을 강조했다. 미국소아과학회의 권장 사항을 잠깐 살펴보자.

모든 부모와 보호자가 어린 자녀와 함께 흥미롭고 긍정적으로 상호작용하며 큰 소리로 책을 읽을 것을 권장한다. 이는 초기 관계를 풍부하게 하고, 사회적 정서적 발달을 강화하고, 회복력을 지원하며, 뇌 회로를 구축한다. 아기가 아플 때도 부모가 함께 독서를 하는 것을 추천한다. 유아기부터 소리 내어 읽기를 긍정적 양육의 중요한 구성요소로 홍보하여 국가적 정책에 영향을 미쳐야 한다.

《뉴욕타임즈》에서도 이를 "소아과 의사들이 출생부터 아이들에게 소리 내어 읽기를 권장한다."는 제목으로 보도한 바 있다. 기사에서는 책을 읽으며 아기와 함께하는 시간이 애착 관계 형성뿐만 아니라 어휘력과 정서적 회복력, 뇌 발달에도 긍정적인 영향을 미친다고 강조했다. 다시 말해, 태어나면서부터 책을 읽어 주는 것이 정서 발달, 언어 발달, 지능 발달 모두에 도움을 준다는 것이다.

이제 "제대로 알아듣지도 못하는 아기에게 무슨 책을

읽어 준다는 걸까?"라는 의문은 떨쳐 버려도 좋다. 중요한 것은 부모가 아기와 어떤 상호작용을 하는가이다.

아기가 잠에서 깨어나면 부모는 자연스럽게 다가가 미소를 지으며 말을 걸고 기지개를 켜도록 도와주며, 온몸을 스트레칭할 수 있도록 쭉쭉이 마사지를 해준다. 기저귀를 뽀송뽀송하게 갈아주고, 아기를 안아 다독이며 젖을 먹인다. 그다음에는 무엇을 해야 할까? 딸랑이를 흔들며 놀 수도 있고, 말걸기 초점 그림책을 펼쳐 읽어 줄 수도 있다. 그런 다음 또 무엇을 할까? 의외로 할 것이 많지 않다. 그럴 때 이야기책을 읽어 주자. 그냥 읽어 주기만 해도 좋다.

태아기부터 책 읽어 주기의 중요성을 강조하는 학자들도 있다. 태아와 신생아를 대상으로 한 영아의 언어 인지 및 학습능력을 조사한 연구에 따르면, 태아는 자주 반복되는 소리를 기억하며 출생 후에도 익숙한 소리에 반응을 보인다. 한 연구에서는 임신 7개월 무렵의 임산부들을 두 그룹으로 나누어 한 집단에는 닥터 수스(Dr. Seuss)의 《캣인더햇(The Cat in the Hat)》을, 다른 집단에는 이 내용에서 일부 단어를 변경한 《도그인더포그(The Dog in the Fog)》를 하루 두 번씩 아기가 깨어 있다고 느낄 때 조용한 곳에서 읽어 주도록 했다. 이후 출생한 아기들에게 두 책을 모두 읽어 주면서 공갈 젖꼭지 빨기 반응을 관찰해 아기들의 청지각 정도를 평가했다.

결과는 매우 흥미로웠다. 아기들은 태아기에 익숙했던 책을 다시 들었을 때 더 열심히 젖꼭지를 빠는 반응을 보였다. 이는 태아가 단순히 소리를 듣는 것이 아니라 반복적으로 들은 말과 이야기 내용을 기억하고 있다는 사실을 증명하는 것이다.

이 연구 결과를 통해 우리는 한 가지 중요한 사실을 알 수 있다. 태아기부터 들은 엄마의 목소리와 이야기책이 신생아기 이후에도 지속적인 영향을 미친다면, 신생아기부터 매일 책을 읽어 주었을 때 아기가 익숙한 책과 언어에 대해 친밀감을 형성하고 언어 능력이 발달하면서 더 쉽게 의미를 이해하고 받아들이게 될 것이라는 사실이다.

아기의 언어 발달과 정서 안정의 열쇠, 옛이야기

아기는 말과 소리를 흡수하고 있다. 자주 책을 읽어 주면 책 속의 언어가 아기의 뇌세포 하나하나에 각인되며, 뇌세포 간 연결이 활발하게 이루어져 언어 발달과 지능 발달의 초석이 쌓이는 것이다. 즉, 아기가 말을 하지 못하는 시기에도 언어는 꾸준히 흡수되고 있다.

따라서 100일이 되기 전부터 아기에게 이야기 그림책

을 읽어 주는 것은 매우 바람직한 일이다. 말 걸기 초점 그림책과 단순 사물 인지 그림책만으로는 풍부한 언어를 접하는 데 한계가 있기 때문이다. 만약 이야기 그림책을 읽어 주다가 특정 상황에 맞는 어휘를 더 깊이 이해시키고 싶다면 가끔씩 손가락으로 그림을 짚어 가며 읽어 주는 것도 좋은 방법이다. 생후 2~4개월 영아는 그림을 주시할 수 있지만 아직 손으로 직접 접촉하지는 않는다. 그러나 이 시기에도 많은 언어를 흡수하고 이해하는 과정이 진행되고 있다. 몇 달 후 아기가 손가락을 자유롭게 움직일 수 있게 되면 이야기 속에서 "토끼가 어디 있을까?" 하고 물었을 때 정확히 그림 속 토끼를 짚어 내는 신통방통한 모습을 볼 수 있을 것이다.

그렇다면 어린 아기에게 들려주기 좋은 이야기책은 어떤 책일까? 아기가 심심할 때, 잠들기 전에 다독이며 읽어 주기 좋은 책으로는 옛이야기가 으뜸이다. 알아듣지도 기억하지도 못할 100일 된 아기에게 옛이야기를 읽어 주기를 권하는 세 가지 이유가 있다.

첫째, 옛이야기는 다양한 언어의 집합체로 훌륭한 언어 발달의 토대가 된다. 둘째, 옛이야기는 모든 이야기의 뿌리이다. 셋째, 옛이야기는 건강한 정체성 형성에 도움을 주고 안정감을 주는 이야기이다. 이야기 속에서 전해지는 우리 문화 속 교훈과 가치관은 아기가 성장하면서 자연스럽게 내면화되어 정서적 안정감을 준다.

옛이야기가 아기에게 중요한 이유는 《옛이야기의 힘》의 저자 신동흔 교수의 말에서 잘 드러난다. 그는 오랜 세월을 거쳐 전해진 옛이야기에는 인류의 경험과 지혜가 응축돼 있으며 전승 과정에서 평범한 이야기들은 자연스럽게 걸러지고 삶의 진실을 담은 핵심적인 이야기만이 살아남았다고 말한다. 즉, 옛이야기는 수천 년 동안 축적된 인간 경험과 삶의 지혜가 담긴 이야기라는 것이다.

정신과 전문의 하지현 교수 역시 논문 〈한국 전래동화에 대한 정신분석적 접근〉에서 전래동화가 아이들의 심리에 미치는 영향을 강조하였다. 하지현 교수는 발달심리학 관점에서 보면 아이는 성장 과정에서 겪는 갈등이나 불안, 좌절 등을 전래동화 속 환상 세계를 통해 간접적으로 경험하면서 현실에서 보다 수월하게 다음 발달 단계로 나아갈 수 있게 된다고 하였다.

옛이야기가 긍정적인 효과를 미치는 원인은 그 구조에서도 찾을 수 있다. 옛이야기의 구조를 살펴보면 모든 이야기는 "옛날 옛날 한 옛날에"라는 구절로 시작된다. 이 말은 마치 마법의 주문처럼 아이를 이야기 속으로 끌어들이는 역할을 한다. 그리고 이야기는 온갖 사건이 펼쳐진 뒤 "그래서 모두 행복하게 살았답니다."라는 익숙한 후렴구로 끝을 맺는다. 이러한 구조는 이야기가 현실과 분리된 공간에서 진행된다는 심리적 안전장치를 제공하며 아이에게 정서적인 안정감을 준다.

이렇듯 어릴 때부터 옛이야기를 충분히 들려주는 것은 아이의 마음을 성장시키는 기초 공사를 하는 것과 같다. 옛이야기의 토대 위에서 아이의 마음은 무럭무럭 자라난다.

옛이야기, 어떻게 읽어 줘야 할까?

백일 즈음이 되면 아기는 더욱 적극적으로 뇌를 발달시키기 시작한다. 생후 3~4개월에서 12개월 사이에 청각 피질과 시각 피질의 시냅스가 급격히 성장하고, 신경 전달 속도를 더욱 빠르게 하는 '뉴런의 수초화'가 활발하게 이루어진다. 이 시기부터 아기는 소리를 듣고 그림을 보며 즐거움을 느끼기 시작하며 이야기가 필요해지는 시점에 접어든다.

이야기를 들려줄 때는 너무 무섭거나 잔인한 이야기, 어린 아기에게 적합하지 않은 내용은 걸러 내는 것이 중요하다. 이 즈음 아기들이 집중해서 잘 듣는 옛이야기는 《슬기로운 아이》, 《소가 된 게으름뱅이》, 《신통방통 도깨비》, 《정신없는 도깨비》, 《도깨비와 씨름한 효자》, 《도깨비와 혹부리영감님》, 《도깨비 수수께끼》, 《날마다 서푼》, 《팥죽할멈과 호랑이》,

《반쪽이》,《호랑이와 곶감》,《줄줄이 꿴 호랑이》,《훨훨 간다》 등이다.

이야기를 들려주는 방식도 다양할 수 있다. 옛이야기를 꼭 그림책으로 읽어 줄 필요는 없다. 단편 그림책으로 출간된 이야기도 있지만 그렇지 않은 경우가 더 많기 때문이다.《서정오의 우리 옛이야기 백 가지》같은 책을 펼쳐 부모가 마음에 드는 이야기를 직접 읽어 주는 것도 좋은 방법이다.

만약 계속 읽어 주는 것이 부담스럽다면 엄마나 아빠가 읽어 줄 때 녹음해 두었다가 활용할 수도 있다. 불을 끄고 재울 때, 아기가 혼자 놀 때, 차량 이동 중에 들려주면 더욱 효과적이다. 실제로 아기의 표정과 몸짓을 살펴보면 가만히 집중하며 이야기에 몰입하고 있다는 것을 쉽게 느낄 수 있다.

필자가 어린 아기에게 처음 읽어준 이야기 역시 옛이야기였다. "옛날 옛날에"로 시작하는 전래동화는 특히 의성어·의태어를 생생하게 살려서 읽기에 좋았고 아기가 즐겁게 반응하는 모습을 보며 그 효과를 실감할 수 있었다. 그리고 그 효과는 아이가 말문을 트면서부터 더욱 확연히 드러났다. 혀 짧은 소리로 "금 나와라 뚝딱!"을 외치기 시작했고 여러 번 읽어 주었던 책을 깜빡 졸아서 잘못 읽으면 틀렸다고 다시 읽어 달라고 요구하기도 했다. 아기의 뇌 깊숙한 곳에 이야기의 흐름과 문장 내용이 저장되고 있음을 깨닫는 순간이었다.

이처럼 아기가 듣는 이야기는 언어 발달과 인지 발달에 큰 영향을 미친다. 특히 백일이 지난 아기에게 꾸준히 이야기를 들려주는 것이 중요하다는 사실은 아무리 강조해도 부족할 정도다.

그리고 부모인 나 자신에게도 옛이야기는 현실을 벗어난 상상의 세계로 안내하여 일상의 고단함을 잠시 잊게 해주는 역할을 했다. 이야기를 읽어 주고 현실로 돌아왔을 때 에너지가 회복된 느낌이 들기도 했다.

이제 아기가 백일이 되었다면 옛이야기를 읽어 주자. 이야기의 세상에 몰입할 줄 아는 아이는 마음도 정신도 건강하게 성장할 것이다.

까꿍! 책 속 친구가 나를 보고 있어요

100일이 지난 아기의 발달 단계에 적절한 그림책

4개월 아기예요. 이제 뒤집기 하려고 버둥거리다 성공하면 짓는 뿌듯한 표정이 너무 사랑스러워요. 터미타임도 잘하고 눈앞에 움직이는 장난감을 보여 주면 한참을 집중해서 보기도 해요. 이것저것 관심이 많아지는 것 같은데 뭘 해 주면 좋은가요? 일상적인 대화를 많이 하라는데 아기랑 대화를 주고받는 것도 아니고, 일방적인 말 걸기에 너무 지치네요. 다른 좋은 방법이 없을까요?

100일이 지나면 아기의 발달에 신기한 변화가 나타나기 시작한다. 스스로 목을 가누는 힘이 강해지고 이전까지 무의식적으로 움직이던 불수의적 반사 동작이 점차 줄어든다. 딸랑이를 흔들어 주면 그냥 보고 듣기만 하던 아기가 이제는 손을 뻗어서 잡으려 애쓰는 모습을 보인다. 팔다리에 힘이 생기면서 자신이 원하는 대로 움직이려는 시도도 늘어난다. 또한 표정이 더욱 다양해지고 부모가 안아서 마주 보며 이름을 불러 주거나 말을 걸면 "아", "으" 등의 소리로 대답하기도 한다. 부모가 더욱 행복해지는 순간이다.

이처럼 발달이 활발해지면 부모는 자연스럽게 아기에게 새로운 놀거리를 제공해야 하는 게 아닐까 하는 고민을 하게 된다. 그도 그럴 것이 이제 아기는 모빌이나 딸랑이에 대한 흥미가 적어지고 치발기 역시 한동안 집중하다가 쉽게 흥미를 잃는다. 단순한 감각 자극만으로는 충분하지 않다는 신호다. 이럴 때 아기를 보며 무엇을 어떻게 해 주어야 할지 고민된다면 항상 이렇게 생각해 보자.

아기는 끊임없이 많은 것을 배우고 있어.
지루함을 느끼는 건 기존 환경에 습관화가 되었다는 의미야.
새롭게 관심을 가질 만한 새로운 자극이 필요해.

이 원칙을 염두에 두어야 아이의 발달 단계에 적절한 놀이와 그림책을 선택할 수 있다.

물론 다양한 장난감도 좋은 자극이 될 수 있다. 하지만 이 시기의 아기는 아직 손과 손가락을 정교하게 조작하는 능력이 부족하기 때문에 장난감이 큰 효과를 주지는 않는다. 오히려 장난감은 단순한 시각적 자극을 제공할 뿐, 인지 발달과 언어 발달을 촉진하는 데는 한계가 있다.

이 시기 아기에게 가장 좋은 자극은 바로 그림책이다. 그림책 읽어 주기는 새로운 시각적 자극을 주며 엄마와 아빠가 즐겁게 읽으면서 놀아 주면서 아기에게 새롭고 흥미로운 것을 제공할 수 있는 방법이다. 인지발달의 초석이 만들어지기 시작하는 4개월 즈음에 아기는 많은 것을 보고 들으며 무의식 속에 저장하기 시작한다. 그러니 많은 것을 보고 듣고 배우고 싶어 하는 우리 아기가 흥미를 보일 만한 그림책을 보여 주어야 한다. 그 전에 먼저 부모가 꼭 알아야 할 이 시기 아기의 중요한 특성이 있다. 바로 '대상영속성'이다.

대상영속성이란 무엇인가?

아기가 좋아하는 곰인형을 보고 손을 뻗으려는 순간 이불로 곰인형을 덮으면 아기는 마치 눈앞에서 사라진 것처럼 잠시 당황하다가 다른 곳으로 시선을 돌리는 모습을 보일 것이다. 눈앞에서 사라지면 그 존재가 없다고 생각하고 찾기를 멈추는 것이다. 이는 아직 대상영속성이 발달하지 않았기 때문이다.

대상영속성이란 눈 앞에 보이던 물체가 잠시 가려져도 계속 거기에 존재한다는 사실, 눈앞에 있던 것이 없어져도 어딘가에 있다는 것을 아는 것을 의미한다. 출생 후 6개월 정도까지는 이 대상영속성이 아직 발달하지 않아 바로 눈앞에 있던 것도 가려 놓으면 존재하지 않는다고 생각한다. 그런데 아기는 완전히 숨긴 물체는 사라졌다고 생각하지만, 인형의 꼬리나 귀가 나오도록 가리면 그 인형을 알아보고 잡아당길 수 있다. 일부가 가려진 물체를 알아보기 시작하는 것이다. 또한 이 시기에는 시각적 추적 능력이 놀랍게 향상된다. 움직이는 물체를 눈으로 추적할 수도 있는 것이다. 예를 들어 장난감 기차가 터널로 들어갔다가 나오는 걸 목격한 영아는 기차가 다시 나타날 것을 확신하여 터널 출구를 보게 된다.

그러다 조금씩 대상영속성이 발달하면서 8개월 정도가 되면 인형을 이불 속에 완전히 숨겨도 이불을 걷어 내어 그 속에 숨은 인형을 찾아내고, 9~10개월이 되면 확실하게 보이지 않을 뿐 존재한다는 사실을 믿고 숨은 엄마를 몇 초 안에 찾아낼 수 있는 수준까지 도달한다. 물론 발달의 시기는 아이마다 조금 다를 수 있다. 출생 후 6개월이 채 되지 않은 아이들도 바로 직전에 숨긴 물건을 찾아내는 대상영속성이 어느 정도 발달해 있다는 사실을 밝힌 연구 결과도 있다.

처음으로 유아의 대상영속성을 연구한 스위스 심리학자 장 피아제(Jean Piaget)는 대상영속성이 유아의 가장 중요한 성취 중의 하나라고 표현했다. 대상영속성의 개념을 획득함으로써 영아는 사물이 자신과 독립적으로 존재한다는 것을 인식하며 자기 자신 역시 독립적인 개체로 존재한다는 것을 인식하게 되기 때문이다. 그러니 대상영속성은 이 시기에 획득하여야 할 중요한 과업이라고 할 수 있다.

대상영속성을 키워 주는 까꿍놀이책

대상영속성의 발달을 도와주는 가장 좋은 놀이는 바로 손바닥으로 얼굴을 가렸다 펼치며 놀아 주는 까꿍놀이이다. 아이의 발달을 좀 더 풍요롭게 하기 위해 조금 이른 시기인 4개월 즈음부터 까꿍놀이를 하면 대상영속성의 발달을 좀 더 촉진할 수 있다.

아기와 마주보는 상태에서 얼굴을 가려 까꿍놀이를 해 보자. 손가락 사이로 아기를 살짝 관찰해 보면 무척 흥미롭다.

갑자기 엄마 얼굴이 안 보여서 당황하는 모습이 확연히 보이기 때문이다. 다시 엄마가 까꿍 하며 나타날 때 아기도 다시 안심하며 활짝 웃는다. 이렇게 사랑스러운 표정으로 까르르 웃는 소리를 내면 온 집안이 환해지고 행복감으로 차오른다. 한마디로 까꿍놀이는 아기를 웃게 한다. 그런데 아기의 대상영속성 발달이 느리면 부모는 고민이 깊어진다.

"8개월 아기예요. 6개월 정도면 놀던 장난감을 가려도 찾을 수 있다고 하던데 우리 아기는 놀던 장난감 자동차를 눈앞에서 손수건으로 덮기만 했는데도 없다고 칭얼거려요. 혹시 발달이 늦은 건 아닌가요?"

아마 이 질문에 대한 답을 이미 짐작할 것이다. 특별한 발달적 어려움이 있는 경우를 제외하면 아기는 적정량의 자극을 받아야 잘 발달할 수 있다. 자극의 양이 부족하면 아이의 발달을 지연시킬 수 있다는 말이다.

질문한 엄마에게 까꿍놀이나 숨기고 찾는 놀이를 한 적이 있는지 물었더니 "별로 안 해봤어요."라고 대답했다. 초점 그림책을 펼쳐 두기는 했지만 그뿐이었고 이야기책을 읽어 줄 생각은 못했다는 것이다. 또한 아기가 관심을 보이는 장난감들을 열심히 사왔지만 아기는 새로운 장난감 한 가지를 보여줄 때 잠깐 관심을 보일 뿐 그 다음은 무관심해서 자꾸 새로운 걸 사게 된다고 하였다.

많은 걸 제공하는 것이 아이의 발달에 도움이 되는 건 아니다. 오히려 발달 시기에 맞게 정서적·인지적 자극을 주는 것이 훨씬 더 중요하다.

정리하면 까꿍놀이는 흥미로운 자극을 추구하는 아기에게 즐거움을 주고 대상영속성의 발달에도 도움을 줄 뿐 아니라 엄마, 아빠와의 정서적 상호작용을 일으키며 인지적으로 생각하는 힘을 키워 뇌 발달도 촉진한다. 그리고 이 까꿍놀이를 더욱 다양한 방식으로 즐길 수 있도록 만든 것이 바로 까꿍놀이책이다.

이제 4~6개월 아기를 웃게 하는 까꿍놀이책으로 즐겁게 노는 법을 알아보자. 이 시기의 아기를 위한 까꿍놀이책은 플랩북, 헝겊북 등 다양한 소재와 방식으로 만들어져 있어 아기의 호기심을 자극하는 데 매우 효과적이다. 만지면 여러 소리가 나는 그림책도 있다. 플랩을 위로, 아래로, 옆으로 넘겨서 숨은 물체를 찾는 방식의 플래북도 아기에게 새롭고 흥미로운 자극을 준다. 4개월에 보기 시작한 책을 6개월까지만 보는 건 아니다. 한 번 좋아한 책은 1~2년이 지나도 계속 찾고 또 읽어달라고 한다. 어려서부터 아기가 좋아했던 책은 12개월 정도가 되면 혼자서 보는 장면도 목격하게 된다. 아기가 혼자 그림책을 보며 노는 모습을 보는 것은 부모에게 큰 기쁨이 아닐 수 없다.

　　까꿍놀이책은 단순한 놀이를 넘어 아기의 정서적 안정감과 인지 능력, 언어 능력까지 키워 주는 최고의 그림책이다. 까꿍놀이책으로 아이와 함께 웃는 기쁨을 꼭 만끽해 보기 바란다.

대상영속성을 키워 주는 까꿍놀이책

짠! 까꿍놀이
기무라 유이치(글·그림), 웅진주니어

가장 기본적인 까꿍놀이를 그림책으로 만난다. 세로로 책을 펼치면 눈을 가린 귀여운 강아지가 등장한다. 부모가 "강아지 없다!"라고 말하며 아이의 호기심을 자극하고 다음 장을 넘기면 활짝 웃는 강아지가 "까꿍!" 하고 나타난다. "다음엔 또 누가 나올까?" 하고 아기의 기대감을 높이며 책장을 넘기는 과정이 반복될수록 아기는 더 큰 즐거움을 느낀다.

무지개 까꿍!
최정선(글), 김동성(그림), 웅진주니어

이 그림책은 아기 동물이 옷 속에 얼굴을 파묻고 꼼지락거리는 모습으로 시작된다. 책장을 넘기면 "까꿍!" 하며 고개를 내미는 사랑스러운 표정에 부모와 아이 모두 미소 짓게 된다. 단순한 까꿍놀이지만 아이에게는 세상을 발견하는 즐거운 경험이다.
아기와 함께 책 속 동작을 따라 하며 놀이하기에 최적화된 그림책이다. 특히 아기가 등장하는 장면에서 우리 아이의 이름을 넣어 읽어 주면 아이의 관심과 즐거움이 배가된다.

모두모두 까꿍!

조 로지(그림), 사파리

플랩북 형식의 책이다. 털실 바구니에 가려져 눈과 이마만 살짝 보이는 고양이가 "야옹" 소리를 낸다. 바구니 플랩을 펼치면 숨어 있던 고양이가 활짝 미소 지으며 등장한다. 배경 그림들은 단순하지만 아기의 시각적 관심을 끌기에 충분하다.

뭐 하니?

유문조(글), 최민오(그림), 길벗어린이

등을 보인 동물들에게 "뭐 하니?" 하고 묻고 책장을 넘기면, 동물들이 각자 즐겁게 노는 모습이 등장한다. 간식을 먹는 곰돌이부터 그림을 그리는 토끼, 전화기를 사용하는 강아지까지, 다양한 동물들의 앞모습을 확인하며 까꿍놀이와 말 걸기 놀이를 함께 할 수 있다.

이 책은 동물들의 앞모습과 뒷모습을 보여 주어 아이에게 인지적 자극을 주며 자연스럽게 상상력을 키울 수 있도록 돕는다. 또한 2001년에 출간된 작품이어서 전화기, 카세트테이프 같은 그림이 등장해 부모에게는 향수를, 아이에게는 새로운 경험을 선사한다.

까꿍

서은(글), 반정원(그림), 글채움

신문을 보는 할아버지, 뜨개질하는 할머니, 청소하는 아빠, 화분에 물 주는 엄마까지 차례차례 등장하지만 모두 얼굴은 보이지 않는다. "할아버지, 없다!"라고 외치며 플랩을 넘기면, "까꿍! 여기 있다!" 하고 반가운 얼굴이 나타난다. "아빠 없다!", "할머니 없다!" 하고 말하며 책장을 넘기는 반복 놀이 속에서, 가족의 따뜻한 일상을 자연스럽게 엿볼 수 있다. 평화로운 가족의 모습이 아이에게 심리적 안정감을 주며, 숨은 아기를 찾으려고 플랩을 넘기는 재미도 쏠쏠하다.

숨바꼭질 그림책으로
관찰력이 쑥쑥!

아이는 보는 만큼 성장한다! 관찰력의 힘

4~7세 아이들과 보물찾기 놀이를 해 보면 눈에 띄는 차이가 나타난다. 초롱초롱한 눈빛으로 실마리를 따라 여러 개의 보물을 빠르게 찾아내는 아이가 있는가 하면, 힌트가 바로 앞에 있어도 잘 찾지 못하는 아이도 있다. 어떤 아이는 "여기는 없어."라고 말하지만, 다른 아이는 같은 장소에서 숨겨진 보물을 발견해 낸다. 같은 공간에서 같은 것을 바라보면서도 이러한 차이가 생기는 이유는 무엇일까? 바로 보물을 숨길 만한 위치에 대한 판단력과 꼼꼼히 살펴보는 관찰력의 차이에서 비롯

된다. 관찰이란 단순히 눈으로 보는 것이 아니라 사물과 현상을 주의 깊게 살피고 분석하는 능력이다. 그러므로 그냥 보는 것과 관찰하는 것은 완전히 다르다.

아기의 시각 발달 초기에는 눈에 보이는 것을 그저 받아들이는 수동적 보기 단계에서 출발한다. 이후 주의를 기울여 초점을 맞추어 보는 능동적 보기 단계로 발전한다. 예를 들어, 부모가 "여기 토끼 인형이 있네."라고 말하면 아이는 토끼 인형을 인식하고 초점을 맞추어 보게 된다. 이는 이후 아이가 수업시간에 선생님의 설명에 집중하는 능력의 기초가 된다. 이보다 더 높은 수준의 보기가 바로 관찰이다. 관찰은 단순한 시선 이동이 아니라 목적 의식을 가지고 주의 깊게 살펴보는 능동적인 활동이다. 보물찾기나 숨바꼭질에서 적극적으로 목표물을 찾는 행동이 바로 관찰력의 표현이며 관찰을 잘하는 아이가 남들이 보지 못하는 것을 찾아내는 능력이 뛰어난 것은 당연한 일이다.

이러한 관찰력은 시지각의 발달을 기반으로 한다. 시지각이란 시각을 통해 들어오는 외부 정보를 지각하고 인식하는 능력을 의미하며 시지각이 잘 발달할수록 더 정확하게 시각 정보를 해석할 수 있다. 시지각이 잘 발달되어 관찰력이 좋은 아이와 그렇지 못한 아이는 큰 차이가 날 수밖에 없는 것이다.

시지각이 중요한 이유는 인간이 받아들이는 전체 정보

의 약 80퍼센트가 시각을 통해 들어오며, 시각 정보를 기존의 지식이나 다른 감각 정보와 연결하여 변별하고 해석하는 두뇌 활동이 수반되기 때문이다. 따라서 시지각에 어려움이 있으면 학습에 어려움이 생길 뿐 아니라 발달 지연이나 난독증과 같은 학습 장애로 이어질 가능성도 있다.

이렇듯 아이의 관찰력은 시지각을 기반으로 한 전반적인 인지 발달에 깊은 영향을 미친다는 사실을 알 수 있다. 부모가 이 시기부터 아이가 주의를 기울여 세상을 관찰할 수 있도록 도와준다면 학습 능력뿐만 아니라 전인적 발달까지 폭넓게 이루어질 수 있을 것이다.

흔히 "아는 만큼 보인다."라고 말한다. 아기에게 한 번도 먹어보지 않은 과자를 줘 보자. 과자를 처음 본 아기는 크게 관심을 보이지 않는다. 그저 손에 잡힌 것을 입으로 가져가는 본능적인 행동을 할 뿐, 그것이 특별한 의미를 가지지는 않는 것이다. 하지만 과자를 한 번 맛보게 되면 상황이 달라진다. 이제 과자가 보이기만 해도 달라고 손을 뻗고 적극적으로 반응하며 요구하기 시작한다. 아는 만큼 보인다는 말이 맞아떨어지는 순간이다.

이러한 원리를 이해하면 아기에게 무엇을 먼저 접하게 해 줄지를 깨닫게 된다. TV, 초콜릿, 아이스크림, 케이크 등의 자극적인 것들을 먼저 경험하게 하는 것보다 아기의 발달에 도움이 되는 음식, 놀이, 사물을 먼저 접하고 즐길 수 있도록 환경을 조성하는 것이 훨씬 중요하다.

아기의 인지 발달은 수동적으로 지식을 습득하는 것만으로 이루어지지 않는다. 능동적으로 관심을 가지고 주의를 기울여 살펴보는 관찰의 과정에서 인지 발달이 시작된다. 인지 발달의 대가인 장 피아제가 아동의 지적 발달에 대한 방대한 연구를 남길 수 있었던 가장 핵심적인 이유도 그의 세 자녀의 행동을 오랜 시간 면밀히 관찰하고 기록하며 연구했기 때문이다.

이렇게 관찰은 수많은 발견과 탐구의 기반이 되는 능력이다. 시지각 능력을 기반으로 한 관찰은 모든 인지 발달의 시작이라고 할 수 있으며 아이의 인지 발달의 필수 요소임이 분명하다.

우리 아이 두뇌를 깨우는 놀이, 숨바꼭질

사실 아이의 관찰력을 키워 주는 최고의 조건은 변화무쌍한 자연환경이다. 바람에 흔들리는 나뭇잎, 시시각각 달라지는 구름의 모습, 아침과 저녁의 햇살 차이, 나풀나풀 날아다니는 나비, 활짝 피었다가 지는 꽃들, 하늘 높이 나는 새들처럼 끊임없이 변화하는 자연은 아이의 호기심을 자극하고 자연스럽게 관찰력을 길러 준다. 하지만 현대의 환경은 다르다. 대부분의 아이들이 집 안에서 시간을 보내며 주변 환경은 하루 종일 별다른 변화 없이 반복된다. 이렇다 보니 아이가 관찰력을 키울 수 있는 기회가 자연적으로 발생하기 어렵다. 따라서 부모가 의식적으로 아이의 관찰력을 키울 수 있는 환경을 만들어 주어야 한다.

아이의 관찰력을 키우는 좋은 방법은 찾기 놀이와 숨바꼭질 놀이이다. 눈앞에서 뭔가를 숨기고 찾게 해 보자. 만약 아기가 배밀이를 시작했다면 쉽게 찾을 수 있도록 까꿍놀이를 겸한 숨바꼭질을 하는 것도 좋은 방법이다. 사실 숨바꼭질은 단순한 놀이가 아니다. 과거에는 아이들이 온 동네를 돌아다니며 숨바꼭질을 하면서 신체적으로 성장하고 공간을 탐색하는 능력과 사고력도 키울 수 있었다.

그렇다면 우리 아기들과 어떻게 숨바꼭질을 하면 좋을까? 아직 어린 아기들은 숨고 찾는 숨바꼭질은 어렵지만 물건을 가리고 일부만 보여 준 후 찾게 하는 것은 할 수 있다. 이 또한 숨바꼭질의 한 형태라고 볼 수 있다. 예를 들어, 아이가 좋아하는 블루베리를 작은 컵에 넣어 의자 위나 장난감 뒤에 숨겨 놓고 힌트를 주어 보자. 아기는 열심히 배밀이를 하며 블루베리 찾기 놀이를 할 것이다.

앞서 설명한 까꿍놀이와 대상영속성의 발달은 엄마가 보이지 않아도 존재하고 다시 돌아온다는 믿음을 형성하는 데 도움을 준다. 대상영속성이 잘 발달하면 아이는 엄마가 잠시 자리를 비워도 다시 돌아올 것이라는 확신을 가지게 되어 분리불안이 줄어들고 정서적으로 더 안정된 성향을 보이게 된다.

숨바꼭질을 하며 아이는 단순히 눈에 보이는 것만 찾는 것이 아니다. 숨은 존재나 숨어 있는 사람의 단서를 찾아내기 위해 세심하게 관찰하는 습관도 기르게 된다. 어떤 물체나 사람이 보이지 않을 때 어디에 숨었을지를 유추하는 능력도 함께 발달한다. 반대로 자신이 숨는 역할을 할 때는 술래가 쉽게 찾을 만한 장소와 찾기 어려운 장소를 고려하며 창의적으로 문제를 해결하는 능력을 키우게 된다.

결국 숨바꼭질 놀이는 아이의 관찰력, 유추·추론 능력, 창의적 문제 해결 능력을 동시에 발달시킬 수 있는 최적의 놀이이다. 아이가 걸음마를 시작하면 몸을 움직이며 더욱 적극적인 숨바꼭질을 해 보자. 이 과정에서 정해진 규칙을 지키고 다른 사람과 소통하는 법을 배우며 사회적 능력도 함께 성장하게 된다. 또한 신체를 민첩하게 움직이며 숨고 찾는 활동을 통해 근육 운동 능력과 신체 조절 능력이 향상되는 효과도 얻을 수 있다.

숨바꼭질 그림책을 활용한 찾기 놀이

다양한 상황과 인물이 등장하는 그림책을 활용한 찾기 놀이도 추천한다. 이는 실제 놀이만큼이나 즐겁고 신나는 관찰 놀이가 될 수 있다. 숨바꼭질 그림책은 대부분 사물의 일부를 살짝 보여 주면서 찾기 놀이 방식으로 진행된다. 이렇게 사물의 일부를 보고 전체를 유추하는 능력은 생후 4개월부터 시작된다고 알려져 있다. 그러니 까꿍놀이책뿐만 아니라 숨바꼭질 그림책도 함께 보여 주는 것이 아이의 시각적 탐색력과 인지 발달을 더욱 촉진하는 데 효과적이다. 특히 4~6개월부터 시작하는 찾기 놀이와 숨바꼭질 그림책은 아기의 호기심과 관찰력을 키우는 데 중요한 역할을 할 것이다.

여기서 미리 알아두어야 할 점이 있다. 혹시 우리 아기가 숨겨진 물건을 잘 찾지 못한다고 실망하지 않기를 바란다. 아기의 기질에 따라 관찰하는 방식이 다를 수 있기 때문이다. 어떤 아이는 한 가지를 깊이 탐색하는 능력을 가지고 태어나고, 어떤 아이는 새로운 자극에 더 끌리는 성향을 보인다. 반응이 느린 아이는 조심성이 많고 주변을 탐색하는 데 시간이 오래 걸린다. 그래서 마치 적응력이 부족한 것처럼 보일 수 있지만 사실은 남들보다 더 깊이 주위를 관찰하고 안전함을 확인하는 과정을 거치는 것이다. 이런 아기에게는 천천히 살펴보는 것이 잘하는 일이며 깊이 관찰하는 능력이 중요하다고 칭찬해 주는 것이 바람직하다.

반면 새로운 것에 관심이 많은 자극추구형 아이는 관심 대상에 대해 좀 더 깊이 관찰하며 몰랐던 것을 발견하는 즐거움을 느낄 수 있도록 도와주는 것이 중요하다. 단순히 흥미를 끄는 것에 그치지 않고 관찰을 통해 더 깊은 호기심을 자극하고 세밀한 탐색 능력을 키우는 경험을 제공하자.

숨바꼭질 그림책

꼭꼭 숨었니, 아가
폴린 마르탱(글·그림), 삼성출판사

아기를 찾는 즐거운 숨바꼭질 그림책이다. "우리 아기 어디 있지? 어디 숨었지?"라고 물으며 소파 방석 뒤로 살짝 보이는 아기의 손과 발을 발견하는 재미가 있다. 작은 힌트를 찾아가는 과정은 아기의 관찰력과 집중력을 자연스럽게 키워 준다. 또한 그림체가 사랑스럽고 따뜻해 아기와 부모 모두의 마음을 편안하게 해 준다.

꼭꼭 숨어라
박미영(글), NAMYO(그림), 포링고

"나무 뒤에 코가 벌름벌름 누구일까?" 살짝 보이는 동물의 일부만으로 누구인지 상상해 보는 재미가 있는 그림책이다. 부모가 글을 읽어 주면 숨어 있는 동물의 움직임이 생생하게 느껴진다. 바위 틈에서 살랑살랑 움직이는 꼬리 등 작은 힌트를 통해 동물을 찾아가는 과정이 마치 진짜 숨바꼭질을 하는 듯 실감 난다.

꼭꼭 숨어라

기도 반 게네흐텐(글·그림), 한울림어린이

아기 물고기 하양이가 술래가 되어 바닷속 친구들을 찾아 나서는 숨바꼭질 이야기다. 바위 뒤, 풀숲 속 등 다양한 장소에 숨은 친구들을 찾아가는 과정에서 자연스럽게 수 세기를 경험할 수 있다. "1, 2, 3" 셈을 세며 친구들을 찾아가는 하양이를 따라 아기는 수 감각을 익히게 된다. 이 책의 핵심은 숫자를 정확히 익히는 것이 아니라 말놀이에 있다. "하나, 둘, 셋"을 재미있게 반복해서 들려줄수록 아이의 수 감각도 자연스럽게 발달한다.

꼭꼭 숨어라!

히라기 미츠에(글·그림), 비룡소

엄마 새는 아기 새를 찾고 엄마 원숭이도 아기 원숭이를 찾는다. 그림에 제시된 부분을 손가락으로 밀거나 돌리며 숨은 아기를 찾다 보면 관찰력과 집중력이 좋아진다. 손가락 조작책이라 엄마가 아기 손을 잡고 함께 움직이며 소근육을 키우기에도 좋다.

찾았다! 구름 방울

이현주(글·그림), 오늘책

엄마 구름의 재채기로 여기저기 흩어진 아기 구름 방울들을 찾는 숨바꼭질 놀이 책이다. "어디 어디 숨었나? 찾았다!"를 반복하며 말놀이도 할 수 있다. 새의 깃털 위, 지붕 위, 고양이 수염 위에 내려앉은 아기 구름 방울들을 찾아가는 이야기가 흥미롭다. 아기가 관찰력을 발휘하도록 유도하는 책이다.

세상을 만지고 배우는
아이를 위한 촉각 그림책

촉각으로 세상을 배우는 아이

아기의 뇌가 잘 성장하기 위해서는 오감각의 발달이 잘 이루어져야 한다. 아기는 보고 듣고 냄새 맡고 맛보고 만져 보며 외부 세계의 정보를 뇌에 기록하고 이해하며 해석하는 능력을 키운다. 그리고 이러한 감각 경험이 쌓이면서 서로의 뇌세포가 연결되고 감각 지각 능력이 점점 더 정교하게 발달한다. 그중에서도 촉각의 발달은 좀 더 관심을 가질 필요가 있다. 촉각이란 몸의 피부나 근육으로 받아들이는 신체 자극에 대한 인식 능력을 말한다. 즉, 물건이 피부에 닿아서 감각이 느껴지면 그것이 무엇인지 인식하는 능력이다.

아기의 촉각은 임신 7주 정도부터 발달하기 시작하고 임신 14주차가 되면 온몸에서 촉각을 느끼고 반응한다. 엄마 뱃속에서부터 촉각이 발달되기 때문에 태어나자마자 아기가 온몸의 피부로 느끼는 낯선 환경이 얼마나 놀랍고 무서울지 상상해 볼 수 있다. 그래서 아기를 안정시켜 주는 가장 첫 번째 필수 요소는 아기를 따뜻한 엄마 품에 안고 쓰다듬으며 다독여서 심리적 안정감을 주는 일이다. 이는 엄마, 아빠와의 피부접촉이 중요한 이유다.

갓난 아기의 촉각은 특히 입과 입술 주위에 많이 발달한다. 그래서 태어나자마자 입으로 엄마 젖을 찾는 반사 작용이 일어날 뿐 아니라 뭐든 입으로 넣어 물건을 구별하고 탐색하는 것이다. 즉, 아기는 태아 때부터 촉각을 통해 온 세상을 탐구하기 시작하고 주변 환경과 자신의 몸을 느낀다.

촉각은 자라면서 계속 발달한다. 신생아기를 벗어나 목을 가누고 점차 손의 움직임이 자유로워지면 아기는 눈으로 보이는 흥미로운 대상은 무조건 손으로 잡으려 한다. 이제 손에도 촉각 능력이 발달하기 시작하기 때문이다.

이때부터 아기는 손으로 만지고 두드리고 쓰다듬고 문지르는 행동을 통해 촉감을 익히고 발달하기 시작한다. 아기가 손가락으로 만지고 입으로 물고 빨면서 느끼는 촉각의 정보들은 두뇌로 전달되며, 두뇌는 습득한 정보를 처리 및 분석, 저장하며 세상을 배운다. 따라서 다양한 촉각 자극을 경험하는 것은 아기의 인지 발달과 근육 조절 능력을 키우는 매우 중요한 요소가 된다.

기본적인 촉각은 일반적으로 7~8세가 되면 거의 성숙되어 자기 몸의 어디에 무엇이 닿았는지를 정확히 알 수 있다. 하지만 사람마다 촉각 능력의 정도는 다르다. 촉각 능력이 잘 발달한다는 의미는 손으로 만지며 올록볼록한지 매끈한지 구분하는 능력과 손에 쥐어진 크기와 모양을 인식하고 구별하는 능력, 물체를 잡고 조작하는 과정에서 힘을 조절하며 감각을 인식하는 능력을 모두 포함한다.

아기는 피부 자극을 통해 다양한 감각을 이해하고 받아들이며 세상을 이해하고 자신도 알아가게 된다. 그래서 촉각 발달은 아기의 운동 발달과도 밀접한 관련이 있다.

그런데 몸의 어떤 부위가 가장 촉각 자극을 많이 받을까? 1950년대 캐나다의 신경외과 의사 와일드 펜필드(Wilder Penfield)는 신체 각 부위와 연결된 뇌의 영역을 몸의 면적으로 나타낸 '펜필드의 호문쿨루스(Homunculus)'를 만들어 발표했다. 호문쿨루스는 라틴어로 '소형 인간(Little Person)'을 의미한다. 뇌의 신경과 신체 부위를 실제 신체 크기가 아니라 부피로 나타내 인형처럼 만든 것이다.

호문쿨루스의 가장 두드러진 특징은 오감각의 자극을 많이 받는 손, 입, 귀, 눈, 코 부분이 매우 크다는 점이다. 이를 통해 오감을 자극하는 활동이 아이의 뇌 발달에 필수적이라는 것을 다시 한번 확인할 수 있다.

호문쿨루스 (출처: 플리커)

그중에서도 압도적으로 큰 부위를 차지하는 것이 바로 손이다. 이는 손과 연결된 신경세포의 양이 가장 많으며 뇌에서 손과 관련된 영역이 매우 크다는 것을 의미한다. 즉, 손을 활용한 다양한 활동이 뇌 신경 발달에 큰 영향을 준다는 사실을 보여 준다.

따라서 아이가 손을 많이 사용하는 놀이와 활동을 하면 단순히 소근육만 발달하는 것이 아니라, 인지적·정서적·언어적 발달에도 깊은 영향을 미친다. 그래서 촉각을 발달시키는 활동을 충분히 제공하는 것은 아기의 두뇌 발달을 촉진하는 효과적인 방법 중 하나이다.

건강한 촉각 발달의 중요성

촉각 발달이 중요한 이유는 촉각의 두 가지 기능이 잘 발달되어야 하기 때문이다. 바로 보호 기능과 선별 기능이다. 촉각의 보호 기능은 통증이나 간지러움 같은 신체에 위험을 주는 자극을 감지하여 몸을 보호하는 역할을 한다. 반면 선별 기능은 접촉한 사물의 질감, 크기, 모양, 온도 등을 구별하여 무엇인지 판단하는 역할을 한다. 아기가 피부를 통해 경험하는 가벼운 접촉부터 온도, 바람, 압력, 질감, 통증 등의 모든 촉각 정보는 이 두 가지 기능이 균형을 이루어 작동할 때 가장 바람직한 상태가 된다.

그런데 촉각 감각이 불균형한 경우엔 과도한 감정적 반응이나 과잉 행동으로 표현될 수 있다. 보호 기능이 과민하게 작동하면 위험하지 않은 작은 자극에도 깜짝 놀라거나 경계심을 보이게 된다. 이렇게 촉각 기능에 문제가 있을 때는 피부 자극을 통해 지각된 정보를 뇌에서 처리하고 해석할 때 왜곡이 생길 수 있다. 결과적으로 아기는 사물을 만지는 것에 대한 경계심이 커지고 무엇보다 타인과의 접촉에 어려움을 겪게 된다. 이러한 현상을 '촉각 방어'라고 한다.

촉각 방어 증상이 있는 아이는 촉각 자극에 과민하게 반응한다. 유아기에 어린이집이나 유치원에서 친구가 살짝

만 건드려도 크게 놀라거나 불편함을 느끼고, 심지어 밀거나 때렸다고 오해하기도 한다. 접촉이 불편하니 친구들과 어울려 어깨동무하며 뛰노는 즐거움을 회피하게 되고 늘 불편감과 고통을 호소하는 경향도 생긴다. 이렇게 촉각에 과민한 경우 사람이나 사물과의 접촉에서 부정적 정서를 느끼게 되므로 아기 때부터 건강한 촉각 발달을 도와주는 일은 매우 중요하다.

아기가 잠을 잘 자지 못할 때 아기 이불로 몸을 감싸 적절한 압박감을 주라는 말을 들어본 적 있을 것이다. 바로 이런 현상이 촉각 자극을 통해 균형을 잡도록 도와주는 방법이다. 촉각 과민성을 진정시키는 방법에는 여러 가지가 있다. 몸에 로션을 바르고 부드럽게 문지르며 과민한 촉각을 진정시키기, 엎드리거나 누워 있는 아기의 몸을 공으로 문지르기, 아기가 불안정할 때 엄마, 아빠가 앞뒤에서 함께 안으며 샌드위치 포옹하기 등이 모두 촉각의 과민성을 진정시키는 활동이다. 안정 애착을 위해 아기와의 신체적 접촉을 강조하는 이유도 아기의 몸을 마사지해 주고 쓸어 주어야 다양한 촉감을 경험하면서 정서도 안정되고 뇌 발달에도 도움이 되기 때문이다. 쉽게 말해서 아기는 접촉을 통한 촉각의 경험으로 부모와 세상에 대한 유대감을 키우며 세상을 탐색하고 배워 간다.

촉각이 자라는 놀이

영아기부터 아기가 손과 몸을 사용하는 놀이를 통해 다양한 촉각자극을 즐겁게 경험하도록 도와주어야 한다. 이때 아기의 촉각 선별기능을 잘 연습하고 활성화시켜 과민해진 보호기능이 정상 작동하도록 조절하는 과정이 필요하다.

촉각이 균형 있게 발달하도록 다양한 놀이 방법을 활용해 보자. 목욕하며 맨몸으로 껴안고 부비기, 부드러운 천으로 문지르기, 거품 나는 세안제 바르기, 부드러운 스펀지, 미술용 붓 등으로 감각 자극 주기, 떨어지는 물을 손으로 받기, 고무·나무·플라스틱·실뭉치·끈 등 다양한 질감의 물체를 만지기, 채소 종류를 주무르고 만지기, 그릇에 쌀이나 콩을 담아 숨긴 장난감 찾기 등 상황에 맞게 부모가 너무 번거롭지 않은 방식으로 다양한 촉각을 경험하도록 도와주자. 다양한 질감의 사물을 손으로 만지게 하거나 손등과 볼에 살짝 대어 부드럽게 느끼게 하는 것도 좋다. 특히 다양한 손놀이를 통해 손의 감각과 기능을 발달시키는 것이 중요하다.

촉각 발달을 도와주는 촉감 그림책을 활용하는 것도 좋은 방법이다. 촉감 그림책은 보고, 만지고, 느끼고, 듣는 다양한 감각 경험을 동시에 제공하여 아기의 감각 발달에 큰 도움이 된다.

보고 만지고 느끼고 듣는
촉감 그림책

안 물 거야!
로드 캠벨(글·그림), 문학동네어린이

귀여운 생쥐가 등장해 "내 귀를 만져 볼래? 난 안 물어."라 말한다. 토끼, 물고기 등 다양한 동물들이 나타나 계속 반복하며 촉각놀이를 유도한다. 각 동물의 부분을 만지며 다양한 촉감을 즐길 수 있다. 마지막의 반전은 아기들이 특히 좋아하는 부분이다.

이건 우리 부엉이가 아니야
피오나 와트(글), 레이첼 웰스(그림), 어스본코리아

다양한 부엉이들이 등장한다. 각 부엉이들의 특정 부위를 만지며 노는 흥미로운 책이다. 배가 너무 북슬북슬해서, 꼬리가 너무 거칠거칠해서, 이건 우리 부엉이가 아니라 말한다. 각 부위를 만지며 느끼는 촉각 자극과 간결한 문장의 반복에서 오는 운율감이 흥미를 돋게 한다.

호랑이를 간질간질하지 마세요!

샘 태플린(글), 아나 라라냐가(그림), 어스본코리아

동물의 털을 만지고 간지럼을 태울 수 있다. 누르면 울음소리도 난다. 보고 듣고 만지는 감각을 동시에 즐길 수 있는 재미있는 책이다. "크허헝", "삐욧삐욧", "꾸에에엥" 등 독특한 의성어도 재미있다.

쫑긋쫑긋 토끼 까꿍(헝겊책)

책마중(글), 윤성희(그림), 스마트베어

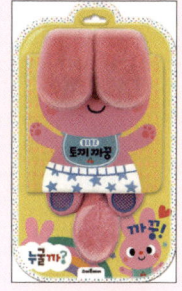

고운 분홍 빛깔의 토끼 귀를 쫑긋 세우면 까꿍 하며 귀엽게 웃는 토끼가 등장한다. 특히 책을 넘길 때마다 나는 소리가 호기심을 자극한다. 꼬리를 누르면 소리가 나며 각 장마다 토끼 발의 촉감도 다르게 구성되어 있다. 까꿍놀이도 할 수 있고 감각을 다양하게 자극하여 흥미를 이끌어 내는 책이다.

괜찮아, 아기 곰아

안나 밀버른(글), 아누스카 알레푸즈(그림), 어스본코리아

겁 많은 아기 곰이 숲에 나왔다. 그런데 개미, 뾰족한 나무, 떨어지는 열매가 아기 곰을 아프게 한다. 이럴 때마다 부드럽게 쓸어 주고 토닥여 주며 "괜찮아, 아기 곰아."라 말해 주면 아기 곰은 용기를 내어 또 길을 나선다. 책을 읽으며 아기 손을 잡고 아기 곰의 신체 부위를 문질러 주고 토닥여 주자. 아이는 촉각 자극과 함께 위로의 말을 배우고 공감과 다정함을 나누게 될 것이다. 책의 동작과 똑같이 엄마, 아빠가 아기 몸을 토닥이고 쓸어 주는 것도 좋다.

실천 포인트 **그림책, 반복과 새로움의 균형이 필요해요**

① 놀이와 이야기가 있는 책은 아이가 반복해서 읽기를 좋아한다. 좋아하는 책은 아기의 손이 쉽게 닿을 수 있는 곳에 비치해 두고 자주 읽어 주는 것이 좋다.

② 일주일에 한 번 아기와 도서관 나들이를 하자. 지역 도서관의 영유아 실은 그림책을 보며 시간을 보내기에 참 좋다. 도서관에 대한 긍정적 이미지도 각인된다. 도서관에서 아기가 흥미를 보이는 책은 빌려 보기도 하자.

③ 평균적으로 일주일에 두세 권 정도의 새로운 책을 아이에게 제공하자. 이렇게 하면 반복과 새로움의 균형이 저절로 만들어지게 된다.

CHAPTER 3

7~12개월 | 정서가 자라는 시간

정서 발달의 열쇠, 그림책

그림책으로
안정 애착 쌓기

아이의 미래를 위한 가장 중요한 선물, 안정 애착

"우리 아기, 안정 애착이 잘 형성되고 있을까?"

아기를 키우면 가장 많이 듣는 것이 '정서적인 안정을 위해 안정 애착이 형성되어야 한다.'라는 말이다. 왜 모든 육아 전문가는 이렇게 안정 애착의 중요성을 강조하는 걸까? 혹시라도 불안정 애착이 만들어지면 치유가 불가능한 것일까? 이런 생각이 들면 아기를 바라보다 문득문득 불안해지기도 한다. 하지만 이런 막연한 불안에 휩싸이기보다는 안정 애착이 무엇인지 정확히 이해하고 어떻게 형성되는지를 아는 것이 중요하다.

안정 애착이 중요한 이유는 이후 아이가 살아가면서 자신에 대해, 그리고 세상과 사람에 대해 느끼고 생각하고 관계 맺는 방식에 큰 영향을 미치기 때문이다. 아기가 어린 시절 주양육자가 너무 둔감하고 무반응하거나, 반대로 지나치게 개입하여 감정을 충분히 표현할 기회를 갖지 못하면 불안정 애착이 형성될 가능성이 높다.

또한 불안정 애착이 형성되면 정서적인 어려움이 생길 수도 있다. 예를 들어, 타인을 쉽게 불신하거나, 작은 일에도 쉽게 불안해지거나, 사소한 자극에도 과도한 분노를 보이는 등의 불안정한 반응을 나타내게 된다. 심지어 자신이 잘하지 않으면 부모가 자신을 버릴 수도 있다는 유기 불안을 가지게 될 수도 있다.

반대로 안정 애착이 잘 형성된 아이는 타인을 신뢰하고 감정을 적절히 조절하며 관계를 건강하게 형성하는 능력을 갖추게 된다. 아이가 자라서 새로운 친구들과 쉽게 친해지고 주변 사람과 협력할 줄 알며 어려운 일이 생겼을 때 타인에게 의논하며 해결하는 사람으로 성장하길 바란다면 영아기에 안정 애착을 형성할 수 있도록 돕는 일에 관심을 기울여야 한다.

《아이를 잘 키운다는 것》의 저자 노경선에 따르면 자신과 타인을 어떻게 바라보느냐에 따라 애착을 네 가지 패턴으로 나눌 수 있다.

먼저 '안정형'은 자신과 타인을 긍정적으로 본다. 이러한 사람은 친밀한 관계를 즐기면서도 혼자 있는 시간을 편안하게 받아들인다. '집착형'은 자신을 부정적으로 여기지만 타인은 긍정적으로 바라본다. 이들은 대인관계에 집착하며 혼자 있는 시간을 힘들어한다. 자신은 긍정적으로 보지만 타인을 부정적으로 인식하는 '무시형'은 혼자 있는 것을 더 편하게 느끼며 친밀한 관계를 부담스러워한다. 마지막으로 '혼란형'은 자신과 타인 모두를 부정적으로 바라본다. 이러한 사람은 자신을 못마땅하게 여기고 다른 사람을 무서워하며 친밀한 관계를 두려워한다. 또한 누가 나를 쳐다보면 공연히 불안해진다.

이러한 네 가지 애착 패턴을 살펴보면 안정 애착의 중요성이 더 확연히 느껴질 것이다. 모든 부모는 아이가 자신에 대해서도 타인과 세상에 대해서도 긍정적으로 생각하고, 혼자 있을 때도 편안하고 안정감을 느끼며 타인과의 친밀한 관계도 즐기는 사람으로 성장하길 바랄 것이다. 이제 아이의 안정 애착을 형성하기 위해 어떤 환경과 반응을 제공해야 하는지 구체적으로 살펴보자.

안정 애착을 만드는 세 가지 열쇠

안정 애착을 형성하기 위해서는 세 가지 핵심 요소가 필요하다. 첫째는 민감성으로, 민감하게 아이의 신호를 알아차리는 능력이다. 즉, 아이의 몸짓과 표정, 소리를 보며 편안함과 불편함을 알아차리는 능력이다. 예를 들어, 아기가 젖을 충분히 먹지 않은 상태에서 고개를 돌렸다면 "우리 아기는 한 번에 많이 먹기보다는 조금씩 자주 먹는 게 더 잘 맞는구나."라고 알아차려야 한다. 하지만 부모가 '아직 부족할 것 같아.'라며 계속 젖을 물리려고 하면, 아기는 불편함을 느끼고 까칠한 반응을 보이게 된다. 말을 못하는 아기는 몸짓과 표정, 울음으로 표현하는데 부모가 알아듣지 못하니 얼마나 힘들까. 특히 주양육자가 민감하지 못하면 아기의 정서는 불안정해지고 성격 형성에도 부정적인 영향을 줄 수 있다.

게다가 부모가 아기의 신호에 둔감하면 부모 자신도 힘들다. 자신은 열심히 하는데 아기가 전혀 받아 주지 않으니 육아가 지치고 힘들게 느껴지는 것이다. 그러므로 아기의 작은 신호를 읽고 그에 맞춰 적절히 반응하는 민감성은 부모와 아기 모두를 위한 필수 요소다. 우리 아기에게 효율적인 육아 방식을 찾아가는 건 궁극적으로 효율적인 부모 역할로 성장해 간다는 의미인 것이다. 이렇듯 아기의 표정과 몸짓 신호에서 좋고 싫음, 필요한 것을 알아차리는 능력은 안정 애착의 질을 결정짓는다고 할 만큼 매우 중요하다. 아기에게 마음을 쏟아 관찰하다 보면 작은 신호도 금방 알아차리게 된다.

두 번째 핵심 요소는 반응성이다. 민감하게 아기의 마음을 알아차렸다면 바로 행동으로 반응해 주어야 한다. 배고파 울면 젖을 주어야 하고, 기저귀가 젖었으면 빨리 갈아 주고, 심심하고 지루해한다면 아기를 얼러 주고 말을 걸어 주고 놀아 주며 기분 좋게 만드는 것이다. 이렇게 아기가 편안해지도록 필요한 조치를 해 주는 것이 바로 반응성이다.

반응성에 대해 따로 고민할 필요는 없다. 부모가 민감성을 기르면 반응성은 저절로 따라온다. 민감성과 반응성은 한 쌍의 짝꿍처럼 작동하기 때문이다. 몸이 아프거나 하는 특별한 경우가 아니라면 알아차렸는데 가만히 있을 부모가 있을까? 특히, 아기의 애착 유형(안정 애착 vs. 불안정 애착)을 결정짓는 가장 큰 요인이 바로 민감성과 반응성이라는 점을 기억하자.

세 번째는 일관성이다. 일관성은 반응 방식을 꾸준히 일관성 있게 하는 것을 말한다. 하지만 부모도 사람이다. 항상 기분이 좋을 수 없고, 육아 스트레스, 경제 문제, 부부 갈등 등 다양한 이유로 일관성을 유지하는 것이 힘든 날도 있을 수 있다. 또한 부모가 피곤하고 예민해져 아기의 신호를 잘 알아차리지 못하는 경우도 있다. 이런 상황에서 부모는 "오늘 내가 아기에게 최선을 다하지 못했어…."라고 죄책감을 느낄 수도 있다. 하지만 몇 번 못해 줬다고 해서 큰 문제가 생기는 것은 아니다. 연구에 따르면, 60~70퍼센트 이상의 일관성이 유지된다면 아이는 안정 애착을 형성할 수 있다.

아기는 주양육자인 엄마의 보살핌을 받으며 무의식적으로 '좋은 엄마', '나쁜 엄마'에 대한 표상을 갖게 된다. 이 중 좋은 엄마 역할이 더 많으면 긍정적인 표상으로 발달하게 된다. "우리 엄마가 안 좋을 때도 가끔 있지만, 그래도 나를 무척 사랑해. 우리 엄마는 너무 좋아." 이렇게 말이다.

민감성과 반응성이 높은 부모는 일관성을 갖기도 수월하다. 아기의 고통이 눈으로 보이고 귀로 들리며 온몸으로 느껴지는데 어떻게 가만히 있을 수 있겠는가. 만약 세 가지를 모두 기억하기 힘들다면 민감하게 알아차리는 데서 시작해 보자. 그러면 즉각적으로 반응하면서 적어도 70퍼센트 이상의 일관성은 저절로 따라오게 될 것이다.

부모가 아기의 신호에 민감하게 반응하고 지속적으로 일관성 있게 대하면 부모와 아기는 안정적이고 탄탄한 애착 관계를 형성하게 된다. 생후 12개월까지 안정 애착의 뿌리가 형성된다는 사실을 기억하자.

그림책으로 키우는 안정 애착

안정 애착을 형성하는 가장 좋은 방법 중의 하나가 바로 그림책 읽기다. 그런데 민감성과 반응성이 부족한 부모의 책 읽기 모습은 좀 이상하다. 아기가 책에 손을 뻗으면 책이 구겨지거나 찢어진다고 잡지 못하게 하거나, 책장을 넘기려 하면 다시 보던 장으로 되돌린다. 그리고 "왜? 책이 재미없어? 다른 책 볼까?"와 같은 말을 하며 아이의 감정을 제대로 읽어 주지 못한다. 아기의 신호를 잘 알아차리지 못하고 적절한 반응도 못한 경우다.

부모가 무표정하거나 목소리가 너무 단조롭고 평이한 경우도 아기의 관심을 끌지 못한다. 글에 변화를 주지 않고 있는 그대로 읽어 주다 보니 읽어 주는 엄마도, 듣고 보는 아기도 지루해지는 것이다. 책을 보며 아기가 "아! 어!" 소리를 내거나 미소를 지어도 잘 반응하지 않는 부모도 있다. 책을 읽어 주면서 아기의 감정에 민감하고 적절한 반응을 못하는 경우다. 이렇게 읽어 준다면 엄마의 노력은 보답을 얻기가 어렵다. 정서 발달에도 인지 발달에도 그리 좋은 영향을 미치지 못하니 말이다.

그렇다면 그림책을 통해 안정 애착을 키우려면 어떻게 해야 할까? 안정 애착 형성을 위한 그림책 상호작용은 그리

어렵지 않다. 특별한 방법을 배울 필요는 없다. 지금까지 소개한 방식이 안정 애착을 키워 주는 충분하고 효과적인 방식들이기 때문이다. 그림책을 보며 쓰다듬고 미소 지으며 책을 읽어 보자. 만지고 조작하며 아기와 즐겁게 놀아 보자. 아기의 안정 애착이 잘 발달하게 될 뿐 아니라 불안했던 엄마의 마음도 치유해 줄 것이다.

　　책을 읽어 주면서 아기와 눈을 맞추며 다정한 목소리로 말을 걸자. 아기의 시선이 토끼 그림을 향한다면, "토끼를 보는구나. 귀엽지? 귀가 길어. 쫑긋 서 있네. 신기하지. 우리 아기 귀는 어딨나? 여기!" 이렇게 말하며 귀를 살짝 만져 주고 "코는 어디 있나? 여기!"라며 아이의 얼굴을 짚으며 놀면 된다. 아기가 책을 이리저리 뒤적이듯 휘저으면 "다음 쪽 보고 싶어? 그래 넘겨 보자. 뭐가 나올까? 아! 곰돌이 친구가 나왔네. 토끼랑 친구인가 봐!" 식으로 감탄하듯 읽어 주자. 이렇게 아기와 즐겁게 상호작용하면서 그림책을 읽으면 하루하루 안정 애착이 형성될 것이다.

안정 애착 형성에
도움이 되는 그림책

엄마랑 뽀뽀

김동수(글·그림), 보림

엄마 오리와 아기 오리는 연못에서 뽀뽀하고, 나무늘보는 긴 두 팔과 다리로 나무에 매달려 아기와 뽀뽀한다. 생김새도 방식도 모두 다르지만 엄마가 아기를 정성껏 돌보고 사랑하는 모습은 똑같다. 모든 동물들이 아기를 안고 뽀뽀하는 그림에서 따뜻한 엄마의 사랑을 느낄 수 있다. 부모의 사랑을 확인하고 세상에 대한 신뢰감을 키워 주는 그림책이다.

엄마 품에 누가 누가 잠자나?

전래동요, 한유민(그림), 다섯수레

글과 그림을 보며 읽어 주다 보면 저절로 아기를 품어 주고 싶은 마음이 든다. 아기도 그림에 동일시되어 자신이 포옹을 받는 느낌을 받을 수 있다. 내가 잠든 사이에도 늘 나를 안아 주고 보살피는 엄마, 아빠의 사랑을 마음 깊이 새겨 준다.

아빠한테 찰딱

최정선(글), 한병호(그림), 보림

다다다다 달려가 아빠 품에 찰싹 달라붙는 동물들이 등장한다. 뒤로 쿵 넘어져도 아빠는 끄떡없다. 오히려 호탕하게 웃는 모습이 세상에서 제일 든든한 아빠라는 믿음을 심어 준다. 아빠의 사랑과 든든함을 깊이 느끼게 해 준다.

머리부터 발끝까지 사랑해

캐롤라인 제인 처치(글·그림), 보물창고

머리부터 발끝까지 아기의 모든 것을 사랑한다는 사랑의 언어를 전해 준다. 주인공 아기가 곰돌이와 노는 모습을 보며 동작을 따라해 보자. 아기가 귀를 만져 보고 배꼽을 살짝 간질여 보고 까르륵 웃는다면 성공이다. 단, 절대 과하게 하면 안 된다. 즐겁게 놀며 엄마, 아빠의 사랑을 듬뿍 느낄 수 있다.

엄마 손은 약손

알토미(글), 봄구름(손영경)(그림), 꼬마이실

"엄마 손은 약손" 엄마라면 아기에게 가장 많이 들려주는 말 중의 하나이다. 아이가 조금이라도 아프면 늘 들려주는 최고의 치유의 언어이기도 하다. 커다란 엄마 손에서 나를 지켜 주는 안전감과 든든함이 느껴진다. 엄마의 사랑을 깊이 느낄 수 있는 그림책으로, 그림의 선과 색감이 부드러워 마음이 편안해진다.

엄마, 아빠 표정으로 배우는 아기

엄마, 아빠 표정을 보고 세상을 학습해요

"안 돼. 만지지 마!"

엄마 생일 축하 케이크에 촛불을 켜고 노래를 부르자 아기가 덥석 손을 내밀어 촛불을 잡으려 한다. 엄마, 아빠는 동시에 "안 돼!"라고 말한다. 그러자 아기는 신기하게도 멈춘다. 예전엔 알아듣지 못하던 아이가 어느 순간 알아듣고 멈추기 시작한 것이다. 이는 사회적 참조 능력이 발달하기 시작했다는 신호이다.

사회적 참조란 상황에 대한 해석이 명확하지 않을 때 주변 다른 사람들의 언어적, 비언어적 메시지를 이용하여 상황을 해석하는 능력을 말한다. 즉, 새롭고 낯선 상황에서 자신이 어떻게 행동해야 할지를 결정하기 위해 엄마, 아빠의 표정과 말투, 행동을 관찰하고 이를 기준으로 자신의 행동을 조절하는 기능이다.

뭔지 모를 애매하게 생긴 장난감을 아이에게 보여 주면 처음엔 이에 대해 판단하기 어렵다. 그럴 때 아기는 엄마, 아빠의 표정을 쳐다본다. 이때 엄마가 활짝 미소 지으며 긍정적인 감정을 보이면 아기도 안심하고 그 장난감에 가까이 가서 만지고, 반대로 엄마가 "지지야. 안 돼."라고 부정적인 표정으로 말하면 아이는 멈추거나 장난감에서 멀어지는 행동을 보인다. 이것이 바로 사회적 참조 행동이다. '사회적 참조'란 결국 아이의 사회적 판단능력의 기초이며 세상을 배우고 학습하는 매우 중요한 인지능력 중의 하나이다.

사실 사회적 참조는 그리 단순하지 않다. 여러 인지 기능이 복합적으로 작용하는 과정이기 때문이다. 사회적 참조의 과정을 살펴보면 아이는 먼저 타인의 얼굴을 바라보며 상황을 이해하려 하고 부모의 감정과 행동을 관찰하며 사회적 메시지를 해석한다. 이를 통해 자신의 행동을 결정하고 필요할 경우 조절하는 능력까지 발휘해야 한다. 즉, 사회적 참조가 이루어지려면 사회적 응시, 감정 해석, 판단력, 행동 조절 능력이 유기적으로 결합되어야 한다.

일반적으로 사회적 참조 행동은 빠르면 7개월 정도부터 나타나고, 12개월경엔 일관되게 관찰되는 것으로 알려져 있다. 그런데 이 시기에 일반적으로 나타난다고 해서 저절로 발달하는 것은 아니다. 아이가 어떤 경험을 하며 성장하는가에 따라 사회적 참조 능력의 발달 정도는 달라질 수 있다. 부모와의 감정적 교류가 충분한 아이는 사회적 참조 행동을 더욱 원활하게 발달하며, 이를 바탕으로 세상을 탐색하고 학습해 나간다.

시각벼랑 실험과 사회적 참조 능력

아기의 사회적 판단능력을 확인하는 매우 흥미로운 실험이 있다. 바로 시각벼랑실험이다.

이 실험은 미국의 발달 심리학자 엘레노어 깁슨(Eleanor Gibson)과 리처드 워크(Richard Walk)가 영아의 깊이 지각(Depth Perception) 발달 과정을 알아보기 위해 고안한 실험으로, 인간의 지각 능력이 언제, 어떻게 발달하는지를 탐구하는 데 중요한 의미를 가진다.

실험은 이렇게 진행된다. 1.2m 높이의 테이블 위에 체크무늬 천을 깔고, 그 위에 두 배 길이의 큰 투명 유리판을 설치해서 아기가 그 위를 기어가도록 유도한다. 실제로는 전체가 다 안전하지만, 절반은 테이블, 절반은 낭떠러지로 보이는 착시를 불러일으키는 장치다. 아기는 전체적으로 안전한 유리판 위를 기어갈 수 있지만, 눈에 보이는 깊이 차이로 인해 벼랑이 있는 것처럼 착각하게 된다. 이런 상황에서 아기를 테이블 끝에 놓고 반대편에서 엄마가 아기의 이름을 부르며 장난감을 흔들어 관심을 끈다. 아기는 과연 벼랑으로 보이는 부분을 기어가서 엄마에게 다다를 수 있을까? 만약 아기가 벼랑 앞에서 멈추고 기어가지 않는다면 영아가 깊이를 지각하고 두려움을 느낀다는 의미이고, 반대로 아무런 두려움 없이 엄마에게로 기어간다면 아직 깊이 지각 능력이 없는 것으로 간주할 수 있다.

실험 결과, 개인차가 있지만 6개월이 지난 아기들은 깊이를 인식하고 두려움을 느끼며 벼랑 앞에서 멈추는 반응을 보였다. 반면 6개월 이전의 아기들은 별다른 두려움 없이 엄마에게 기어가는 경향을 보였다. 이를 통해 깊이 지각 능력은 생후 6개월 이후부터 본격적으로 발달하기 시작한다는 점을 확인할 수 있다.

이 실험에서 더욱 흥미로운 점은 아기가 벼랑을 인식

하고 두려움을 느꼈을 때, 맞은편에 있는 엄마의 표정에 따라 행동이 달라졌다는 점이다.

엄마가 밝은 표정으로 손짓하며 아기를 격려하는 경우, 아기는 두려움을 극복하고 엄마에게 기어가는 경향을 보였다. 반대로 엄마가 무표정하거나 부정적인 감정을 표현한 경우, 아기는 움직이지 않고 그대로 멈춰 있었다.

이는 아기가 엄마의 표정을 참조하여 자신의 행동을 결정한다는 점을 보여 준다. 즉, 아기는 낯선 상황에서 스스로 판단하는 것이 아니라, 엄마의 표정과 태도를 참고해 위험 여부를 결정하는 것이다.

사회적 참조 능력을 키워 주는 그림책

아기의 사회적 참조 능력이 원활하게 발달하지 않을 때 그 원인을 역추적해 보면 흥미로운 특이점을 발견할 수 있다. 부모가 아기에게 일관되지 않은 신호를 지속적으로 보내는 것이다.

예를 들어, 아기에게 "하지 마."라고 말하면서 웃거나, 화난 표정으로 "사랑해."라고 말하는 경우가 이에 해당한다. 아직 어린 영아는 말의 의미보다는 표정을 보고 판단한다. 따라서 부모가 부정적인 말을 하면서도 밝게 웃으면 아기는 그저 따라 웃을 뿐이다. 하지만 말귀를 알아듣는 시기부터는 언어적 말과 비언어적 표정과 몸짓이 일치하지 않으면 아이는 이중 메시지가 담긴 사회적 신호를 제대로 해석하지 못해 혼란을 느끼게 되고, 이런 심리적 혼란감은 아이의 성격 발달과 사회성 발달에 치명적인 손상을 입히게 된다. 이런 경험을 자주 한다면 아이의 사회적 참조 능력이 발휘되는 시점은 좀 더 뒤로 미루어질 수밖에 없다.

반대로 부모가 일관된 표정과 감정을 보여 주고 아이가 다양한 감정을 경험할 수 있도록 돕는다면 사회적 참조 능력은 더욱 안정적으로 발달하며 이후 사회적 판단 능력과 사회인지 능력의 기초가 튼튼해진다.

이때 그림책을 활용하는 것이 효과적인 방법이 될 수 있다. 그림책을 통해 아이는 기쁨, 슬픔, 놀람, 분노 등 다양한 감정을 경험하고, 이를 올바르게 표현하는 방법을 배울 수 있다. 그림책은 아이가 수많은 사회적 상황을 이해하고 올바르게 판단하는 사회적 참조의 기준을 익히도록 도와주며, 사회적 신호를 정확히 이해하고 적절하게 행동을 조절하는 사회적 능력을 키우는 데 큰 힘이 될 것이다.

사회적 참조 능력을
키워 주는 그림책

멀리멀리 퍼지는 웃음

카렌 코프먼 올로프(글), 루치아노 로자노(그림), 키즈엠

감정 인식과 공감 능력을 키워주는 첫 번째 그림책으로 적극 추천한다. 아기가 엄마를 보고 방긋 웃으면, 엄마도 환하게 웃고, 그 미소가 선생님에게 전해지는 과정을 따라가며 정서적 연결의 아름다움을 보여 준다. 한 사람의 작은 웃음이 주변 사람들에게 퍼져나가 결국 세상을 밝게 물들이는 과정을 밝고 유머러스하게 그려낸다.

재미있는 내 얼굴

니콜라 스미(글·그림), 보물창고

감정의 이름과 표정을 배우고 감정을 이해하는 데 도움 되는 그림책이다. 공놀이를 좋아하는 주인공에게 여러 상황이 펼쳐지고 각 상황에서 느끼는 감정을 정확한 표정과 감정 단어로 알려 준다. 표정이 실감 나고 사랑스럽게 그려져 있어 아이가 감정을 이해하는 데 도움을 준다.

기분을 말해봐!

앤서니 브라운(글·그림), 웅진주니어

아기가 느끼는 일차 감정을 비롯해 조금씩 분화되는 다양한 감정까지 명확히 표현해 주는 책이다. 지루함, 행복감, 슬픔, 화, 미안함, 자신만만함 등의 감정을 정확히 이해하고 배우는 데 도움이 되는 책이다.

네 기분은 어떤 색깔이니?

최숙희(글·그림), 책읽는곰

아이가 느끼는 감정을 무지개색으로 표현했다. 설레는 노랑, 신나는 주황, 산뜻한 파랑 등 감정의 색깔을 아름다운 그림으로 표현하여 그 감정이 실제로 느껴지는 것 같다. '설레는', '팔랑대는', '신나는', '떠오르는' 등의 언어가 무척 아름답다. 감정 언어의 아름다움을 느낄 수 있는 책이다.

표정으로 말해요!

히라기 미츠에(글·그림), 키즈엠

손조작으로 직접 표정을 바꾸어 볼 수 있는 그림책이다. 눈썹을 아래로 내리면 시무룩한 표정이 되고, 씩씩한 표정으로 바꾸려면 눈썹을 위로 올리면 된다. 손가락을 요리조리 움직이며 달라지는 표정을 아기가 잘 따라 한다. 표정 인식 능력을 키워 주는 데 도움을 주는 책이다.

그림책으로 자라는
우리 아이 정서 지능

감정을 보살피는 부모

아기는 정성 어린 보살핌에 행복감을 느낄까?
원하는 게 채워지지 않으면 분노감을 느낄까?
엄마, 아빠의 다툼 소리에 무서움이나 슬픔을 느낄까?
감정을 잘 보살피면 안정된 정서감을 갖게 될까?

의외로 많은 부모가 아기의 감정이 어떻게 발달하는지 잘 모른다. 생후 1~2년 동안 안정 애착을 형성하기 위해 아기의 정서를 세심하게 돌봐야 한다는 사실은 알고 있지만, 막상 울음으로만 감정을 표현하는 아기를 어떻게 이해하고 보살펴야 할지는 막막하게 느껴질 수 있다.

우선 혼용해서 사용하는 감정과 정서의 차이를 알아보자. 감정은 한 가지 현상이나 일에 대하여 일어나는 마음이나 느끼는 기분이며 날씨처럼 그때그때 변할 수 있다. 정서란 과거부터 형성되어 온 심리적 상태와 태도이며 마음을 지탱해 주는 뿌리라 볼 수 있다. 그래서 화가 날 때마다 짜증을 자주 내는 사람을 보면, 그 순간의 감정은 화가 났다고 표현하고, 전반적인 정서감은 왠지 불안정한 것 같다고 표현한다. 그렇기에 자주 공감하고 다독여 주어도 부정적인 정서는 쉽게 해결되지 않는 경우가 많다. 깊이 뿌리박힌 불안하고 부정적인 정서가 한두 번의 공감으로 쉽게 달라지지 않기 때문이다.

반대로 안정된 정서를 가진 사람은 감정이 일어나는 순간에도 여유롭게 반응할 수 있다. 그리고 이러한 정서적 안정감은 영아기부터 부모가 아기의 감정을 민감하게 돌봐줄 때 형성된다. 결국 지금 이 순간, 부모가 아기의 감정을 얼마나 세심하게 보살펴 주느냐가 아이의 전반적인 정서를 결정짓는 중요한 요소가 되는 것이다.

감정의 발달 과정

그렇다면 아기는 태어날 때부터 다양한 감정을 모두 느낄 수 있을까? 그렇지 않다. 아기는 출생 시에는 만족감, 흥미, 고통, 혐오를 느끼고 나타낸다. 고통이나 혐오감을 느낄 때는 울음으로 표현하고, 흥미나 만족감을 느낄 때는 무언가를 바라보며 두 눈을 반짝이기도 한다. 2~7개월 사이에는 분노, 슬픔, 기쁨, 놀람, 공포감도 나타난다. 여기까지가 거의 모든 문화권의 영아에게서 공통적으로 나타나는 감정이다. 그래서 생물학적으로 프로그램된 일차 정서라 말하기도 한다. 흥미로운 점은 눈여겨보던 모빌이나 장난감의 배터리가 다 되어 멈추면 2~4개월 된 아기는 화를 내고, 4~6개월 된 아기는 슬퍼하는 모습을 보인다는 것이다. 이렇게 같은 상황에서 조금씩 다른 감정을 보이는 모습에서 정서의 발달이 이루어지고 있음을 확인할 수 있다.

6개월 정도가 되면 낯선 사람에 대한 낯가림이 시작된다. 아기는 마음에 들지 않으면 불쾌한 자극으로부터 고개나 몸을 돌려 부정적 감정을 표현하며 조절하려 애쓴다. 이때 부모가 아기의 행동을 알아차리고 불편함을 주는 자극으로부터 거리를 두거나 아기의 주의를 돌려 편안하게 해 주어야 효과적으로 아기의 스트레스를 줄여줄 수 있다. 참고로 6개월의 남아는 여아에 비해 불쾌한 감정을 조절하기가 좀 더 힘들고, 짜증을 부리거나 우는 경향도 더 많다는 점도 알아두자. 따라서 아들은 좀 더 편안하고 온정적인 부모의 양육이 필요할 수 있다.

7개월이 되면 분노, 공포, 슬픔 같은 일차적 정서가 좀 더 분명해지고 주양육자인 엄마와 떨어지면 심하게 울며 불안을 표현한다. 이 시기에 안정 애착이 형성되기 시작한 아기는 엄마가 잠시 떠났다가 다시 돌아오면 안정감을 되찾지만, 불안정한 애착이 생긴 아기는 엄마가 다시 돌아와도 쉽게 다가가지 않거나 무시한다. 또는 엄마가 안아 줘도 눈을 마주치지 않거나 계속 짜증 내고 우는 모습을 보인다. 이러한 신호는 아이의 정서가 불안정하게 형성되고 있다는 의미이며, 이를 회복하기 위해서는 민감성과 반응성을 바탕으로 한 일관된 육아 태도가 필수적이다.

부모가 만드는 정서표현의 뿌리

정서 발달 과정에서 자신의 감정을 충분히 수용받지 못한 아이는 불안정한 정서를 가지게 될 가능성이 크다. 특히 부모가 화를 자주 내거나 감정적으로 버럭 화를 내는 모습을 보며 자란 아이의 정서는 불안해질 위험이 높다. 불안정한 정서를 가진 아이는 작은 일에도 쉽게 폭발하고 생떼를 부리기 시작하면 30분, 1시간을 울며 감정을 가라앉히지 못하는 경우도 있다. 이런 상황이 지속되면 부모도 지치고 힘들어지지만, 정작 가장 괴로운 것은 아이 자신이다. 만약 아이가 감정을 조절하지 못하고 계속해서 과격한 반응을 보인다면, 이는 정서 발달 과정에서 위험 신호일 수 있음을 인지해야 한다. 이럴 때일수록 아이의 정서를 안정시키기 위한 부모의 노력이 더욱 절실해진다.

그러니 아기가 울며 불편감을 강하게 보일 때 부모는 다정하고 따뜻하게 공감하고 달래 주면서 아기의 관심을 다른 데로 돌리거나, 아기가 자신의 감정을 이해하고 조절하도록 말해 주고 다독여 주어야 한다. 그래야 아기는 스스로 자신의 불쾌한 감정에 더 잘 대처하고 조절하는 아이로 자란다.

부모가 도와야 할 또 다른 중요한 부분은 아기가 '정서표현 규칙'을 익히도록 돕는 것이다. 정서표현 규칙이란 어떤 상황에서 어떤 정서를 표현해야 하는지 혹은 표현하지 말아야 하는지 문화적으로 통용되는 규칙을 말한다. 사람이 타고난 일차적 정서는 생물학적으로 모든 문화에서 똑같이 나타난다고 했다. 하지만 어떤 정서를 어떻게 표현하는가는 문화적으로 조금씩 다를 수 있다. 즐거움을 과장된 감정으로 표현해야 하는 나라도 있고, 감정을 과하게 표현하는 걸 절제하도록 가르치는 나라도 있다. 중요한 건 적절한 상황에서 사회적으로 수용되는 정서 표현 방식은 갖고 태어나는 것이 아니므로 배워가야 한다는 점이다.

사실 정서 표현 규칙을 배우는 시점은 생각보다 빠르다. 생후 7개월 무렵부터 사회적 참조가 시작되면서 아기는 부모의 표정을 보고 자신의 행동이 타인에게 어떤 감정을 불러일으키는지를 배우게 된다. 스스로 자신의 행동이 적절한지 판단할 수 없기 때문에 부모의 반응을 보며 배우는 것이다. 그러니 부모가 아기의 행동에 대해 적절한 감정을 표현해야 한다.

예를 들어, 아기가 엄마의 립스틱을 손에 쥐고 바닥에 낙서를 했을 때 부모가 갑자기 소리를 지르며 크게 화를 낸다면 아이는 그 행동이 잘못되었다는 것보다 감정적으로 위축되거나 불안을 느끼게 될 가능성이 크다. 반면 "이건 그리는 게 아니라 엄마 입술에 바르는 기야. 색연필로 종이에 그림 그리자."라고 차분하게 설명하며 대안을 제시하면 아이는 자신의 행동을 조절하는 방법을 자연스럽게 배우게 된다. 마찬가지로 아이가 물을 엎질렀을 때 부모가 "괜찮아. 함께 닦아 볼까?"라고 따뜻하게 말하며 정리하는 방법을 가르친다면 아이는 감정을 조절하면서도 책임감을 배우게 된다. 이처럼 아기가 특정한 감정을 표현할 때 부모가 보여 주는 정서 표현 방식은 그대로 아이의 정서 표현 규칙으로 자리 잡는다. 부모가 아이에게 훈육을 시작하는 시점은 보통 7개월 이후, 아기가 기어 다니며 여러 가지 행동을 시도하는 시기와 맞물린다. 이때 부모가 아이에게 어떤 감정 표현을 보일지는 매우 중요한 문제다.

아기의 정서지능, 그림책으로 키운다

사실 부모라면 누구나 초기에는 아기의 모든 감정 표현에 긍정적으로 반응을 해 준다. 아기의 놀람과 분노에도 부드럽게 반응하며 달래주고 도닥여 준다. 이런 과정을 통해 아기는 밝고 유쾌한 표정을 더 많이 짓고 불쾌한 표정을 더 적게 보이도록 하는 정서표현 규칙을 배워 간다. 하지만 아기를 혼낼 일이 많아지면서 부모가 보이는 부정적 정서의 폭발은 고스란히 아이의 정서표현 규칙으로 각인될 수 있다. 그러니 아이의 안정된 정서를 바란다면 늘 여유롭고 편안한 정서감을 보이도록 노력해야 한다. 정서 조절력을 키우기 위해 양육자가 영아의 스트레스 요인에 주의를 기울이고 영아에게 편안함을 제공하며 도와주는 것 또한 중요하다. 노래를 불러주거나, 부드럽게 쓰다듬어 주며 정서를 달래 주거나, 아이의 각성 수준을 낮추기 위해 관심을 다른 곳으로 돌리는 것도 좋은 방법이 될 수 있다.

12개월 정도가 되면 초보 단계의 정서적 자기 조절력을 보이기 시작한다. 기분이 나쁠 때 스스로 몸을 흔들거나, 손에 잡히는 물건을 빨거나 씹으며 안정을 찾으려 하기도 하고, 불쾌한 자극이 있을 때는 이를 외면하거나 멀리 떨어지는 전략을 사용하기도 한다. 이러한 행동들은 아이가 스스로 정서를 조절하려는 자연스러운 과정이므로 아기가 이런 신호를 보일 때 싫은 걸 억지로 하게 하는 건 아이에게 스트레스를 줄 수 있다는 것을 기억하자.

미국의 심리학자 피터 샐로비(Peter Salovey)와 존 메이어(John Mayer)는 정서지능이란 '정서라는 정보를 이성적으로 처리하고 조절하는 능력'이라고 정의하며 정서지능의 네 가지 구성요소를 설명한다. 바로 정서의 인식과 표현 영역, 사고 촉진 영역, 지식의 활용 영역, 정서의 반영적 조절 영역이다. 이 중에서 영유아기에 특히 관심을 가지고 정서 발달을 위해 애써야 할 부분은 자기 감정 인식과 표현, 감정의 정보 이해, 그리고 감정 조절 능력이다.

이 요소들은 위계적으로 이루어져 있다. 감정 인식이 되지 않으면 상위능력인 감정 조절 능력은 발달하지 못한다. 자기 감정을 잘 이해하지도 조절하지도 못하는 사람이 타인의 감정에 공감하고 사회적 상호작용을 성숙하게 하기는 어렵다. 하지만 일상의 상황에서 일일이 감정에 대해 이야기 나누기는 쉽지 않다. 역시 최고의 방법은 그림책 이야기를 통해 감정을 이해하고 표현하고 조절하며 안정된 정서를 쌓아가는 방식이다. 그러니 영아기부터 감정을 이해하고 표현하도록 도와주는 그림책을 즐겨보며 대화하는 것은 매우 중요하다. 영유아기의 경험은 평생토록 간직할 정서와 감정 시스템을 만든다. 그림책의 내용을 아기가 다 이해하지 못해도 괜찮다. 등장 인물들이 다양한 상황에서 감정을 표현하고 조절하는 모습들은 건강하고 성숙한 정서지능 발달을 도와준다.

아기가 감정을 올바르게 표현하고 조절하는 법을 배우는 과정에서 그림책은 훌륭한 길잡이가 될 것이다. 그러니 감정을 이해하고 표현하는 데 도움을 줄 수 있는 그림책을 함께 보면서 다양한 감정에 대해 이야기 나누는 시간을 가져 보자.

정서지능 키워 주는 그림책

울다가 웃다가

문승연(글·그림), 딸기책방

아기와 동물들이 일상에서 겪는 다양한 상황 속에서 울고 웃는 순간들을 담아내어 아기가 자신의 모습과 감정을 자연스럽게 이해하는 데 도움을 준다. 울음과 웃음이라는 기본적인 감정 표현의 필요성과 중요성을 아이 눈높이에서 전달하고 있어, 감정 발달 시기에 있는 아이들에게 적합하다. 부모가 아이와 함께 읽으며 책 속 상황에 맞게 표정과 목소리로 감정을 실감 나게 표현해 준다면 아이의 정서 발달에 더욱 도움이 될 것이다.

난 정말 행복해

김선영(글), 배현주(그림), 키위북스

여러 상황에서 아이가 느끼는 감정을 이해할 수 있도록 도와주는 책이다. 변기에 쉬를 하면 어깨가 으쓱하고 주사 바늘을 보면 온몸이 덜덜 떨릴 만큼 무섭다. 이러한 다양한 상황을 보며 불편하고 힘든 감정이 나쁜 감정이 아니라 나에게 소중한 감정임을 배울 수 있다.

괜찮아

최숙희(글·그림), 웅진주니어

속상해 하는 친구에게 "괜찮아."라는 말이 위로가 된다는 것을 느낄 수 있는 책이다. 개미는 작지만 엄청 힘이 세고, 발이 없는 뱀은 사사삭 어디든 갈 수 있다.

이 책은 아기가 긍정적인 자아상을 만들어 가는 데 큰 도움이 될 것이다. 큰 그림과 명료한 색감은 이미지와 메시지를 강력하게 전달하는 데 큰 역할을 한다.

토끼를 달래 줘!

외르크 뮐레(글·그림), 한울림어린이

"꽈당" 넘어진 토끼에게 어떻게 해 주어야 할까? 팔꿈치가 까졌다면? 피가 난다면? 아파서 눈물을 흘린다면? 놀란다면? 토끼의 표정에 감정이입하며 토끼를 달래 주고 호 하고 반창고 붙여 주고 다독여 주는 이야기다. 아이는 토끼의 감정을 이해하고 달래 주면서 공감하는 법을 배우게 된다.

눈물바다

서현(글·그림), 사계절

울음과 눈물의 중요한 의미를 아이의 눈높이에서 섬세하게 풀어냈다. 아기의 첫 번째 언어인 울음은 감정을 해소하고 마음을 진정시키는 자연스러운 과정임을 보여 준다. 그림책 속 주인공은 울음으로 인해 눈물바다가 되고, 그 바다에서 신나게 놀다가 사람들을 건져 주고 말려 주는 과정을 통해 감정의 회복을 경험한다. 이 이야기를 통해 아이들은 감정을 억누르기보다 잘 표현하고, 그 후에 자연스럽게 회복되는 감정의 순환과 회복력을 배울 수 있다. 눈물이 두려운 것이 아닌 우리 삶의 소중한 일부임을 깨닫게 해 주는 따뜻한 그림책이다.

정서적 교감이
사물 인지도 촉진한다

아기와의 상호작용이 중요한 이유

"7개월 아기가 순한 편이라 잘 놀아주지 않아도 보채지 않아요. 장난감 가지고 잘 놀고 배밀이하며 기어나녀요. 사실 아기 뒤치다꺼리하다 보면 놀 시간도 별로 없기도 해요. 그래도 아기가 잘 노니 괜찮겠죠?"

"아기가 7개월인데 장난감 가지고 놀고 까꿍놀이나 촉감 놀이도 하고, 노래도 불러 주고, 몸으로 놀아 주기도 자주 하는 편이에요. 그림책도 자주 읽어 주고 가능하면 말 걸어 주고 대화하려고 노력해요. 원래 제가 말이 없는 편이지만 아기한테는 엄청 말하고 있어요. 아기한테 도움이 되겠죠?"

두 엄마 모두 지금 내가 하고 있는 육아가 우리 아이에게 적절한지, 혹은 부족한 건 없는지 걱정하고 있다. 아기를 사랑하는 마음의 크기야 누가 더 크고 작다고 말할 수 없다. 하지만 상호작용의 양이 부족한 경우와 풍부한 경우는 아이의 정서, 언어, 인지 발달의 측면에서 본다면 절대적으로 차이가 있을 수밖에 없다.

순한 아이라 별로 보채지도 않고 혼자 잘 놀면 엄마는 조금 편하겠지만, 아이는 새로운 자극이 없어 심심하고 멍한 시간을 보내게 된다. 무엇보다 부모가 7개월 된 아기와 잘 놀아 주지 못하여 아기 혼자 노는 시간이 많다는 것은 부모와 스킨십하고 부모가 말 걸어 주는 시간이 너무 적다는 의미가 된다.

앞에서 말한 아기를 잘 키우는 원칙을 다시 떠올려 보자. 새로운 자극이 부족하면 아이는 심심해지며 아기가 심심해지면 새로운 자극을 제공해 주고 말 걸어 주고 상호작용하면서 습관화와 탈습관화 과정을 거치게 하는 것이 매우 중요하다고 했다. 그러니 "혼자서 잘 노니 괜찮을까요?"라는 질문에 그렇다고 대답할 수는 없다.

결국 두 번째 엄마처럼 조금 노력해서 아이와 놀아 주고 노래도 불러 주고, 말 걸어 주며 대화하고, 틈틈이 그림책을 읽어 주는 육아가 바람직하다.

접촉과 소통으로 자라는 뇌

부모와 아이의 상호작용이 중요한 이유가 또 있다. 이런 노력들이 그저 정서 발달만을 위한 것이 아니다. 일본 교토대학의 묘와 마사코(Masako Myowa) 교수는 생후 7개월 된 영아 28명을 대상으로 신체적 접촉 여부에 따른 음성 경험이 유아의 뇌 활동에 미치는 영향을 분석하는 연구를 진행했다. 실험에서는 신체 접촉을 하면서 특정 단어를 5회 연속 들려주는 경우와 신체 접촉 없이 다른 단어를 5회 연속 들려주는 경우를 각각 여섯 차례 번갈아 경험하게 했다. 이후 각 단어를 스피커로 들려주면서 아기의 뇌 활동을 측정하였다.

실험 결과, 신체적 접촉을 하지 않고 단어를 들려준 경우보다 신체적 접촉을 하면서 단어를 들려준 경우의 뇌파 활동이 더 활발한 것으로 나타났다. 또한 어른이 신체적 접촉을 할 때 더 잘 웃는 아기일수록 단어를 들었을 때 뇌 활동이 더욱 활발하다는 사실이 밝혀졌다. 결론은 간단하다. 아기와 상호작용할 때 접촉과 웃음이 더해지면 아기의 뇌 활동이 더욱 활발해진다는 것이다.

　　7개월이 되면 아기의 뇌에서 아주 특별한 일이 일어난다. 신경세포의 연결부위인 시냅스가 폭발적으로 증가하면서 마치 꽃이 개화하는 듯한 현상을 보이는 것이다. 그 과정에서 아이가 보고 들은 많은 정보들이 기억으로 저장되기도 하고 범주화되어 조합되기도 한다. 그리고 알아듣는 수준도 꽤 높아진다. 안 된다고 말하면 멈출 줄 알게 되고 엄마가 웃으며 이리 오라 손짓하면 미소 지으며 기어가기도 한다.

　　우리 아이가 태어나서 6개월간 잘 성장해 왔다면, 이제 옹알이를 하며 뭔가 의사표현을 하고 부모의 말과 반응을 통해 수많은 정보를 뇌에 축적하고 뇌세포 간의 연결이 왕성하게 이루어지게 된다. 이 시기에 아기는 새로운 사물과 이름을 배우고 단어와 행동을 연결시켜 이해하기 시작한다. '물'이라는 단어를 들으면 '마신다.'와 연결하여 이해하는 것이다. 그러니 이제부터는 "안녕하세요." 인사하면서 '고개를 숙이거나 바이바이 손을 흔드는 행동'의 연결을 가르쳐야 한다.

　　사실 7~12개월로 발달 기간을 묶어 설명하지만 7개월과 12개월은 매우 차이가 크다. 그 사이 아기는 기어다니던 존재에서 잡고 일어서서 걸음마하는 직립보행 인간으로 성장한다. 언어 발달도 마찬가지로 옹알이하던 아기가 어느 순간

"엄마", "아빠"와 같은 단어를 말하기 시작한다. 이렇게 신기하고 놀라운 변화가 가득한 시간을 정서적·인지적으로 더욱 풍요롭게 만들어 주는 것이 부모의 역할이다.

　　　이제부터는 아기와의 소통이 더욱 중요한 시기다. 이 모든 과정이 안정된 애착을 바탕으로 아이의 호기심을 자극하고 인지 발달을 촉진하는 매우 귀한 시간이라는 사실을 잘 기억하면 좋겠다.

그림책으로 여는 언어와 정서의 문

많은 연구에 따르면 생후 7~12개월에 책을 읽어 준 아이들은 3세에 어휘표현력이 더 우수했다. 아기가 기어다니고 붙잡고 일어서기 시작하면 엄마, 아빠는 더 바빠지고 신경 쓸 일이 많아진다. 밀린 집안일도 해야 하고 휴식도 필요하다. 그러다 보면 아기에게 TV를 틀어주거나 스마트폰 영상을 보여 주기도 한다. 하지만 이 시기에는 화면에 노출되지 않도록 주의해야 한다. 많은 연구에서 TV나 스마트폰 앞에서 시간을 더 오래 보낸 아기들은 그렇지 않은 아기들보다 습득하고 표현하는 어휘의 양도 훨씬 더 적고 특히 12개월이 되기 전에 하루에 2시간 이상 화면을 보게 되면 언어 지체의 위험이 여섯 배

증가한다는 연구도 있다는 사실을 기억하자.

한편 아무리 그림책 육아가 아이의 정서와 인지 발달에 도움이 된다 해도 절대 책만 읽어 주는 우를 범해서는 안 된다. 그림책을 장난감처럼 대하는 것이 좋다. 아기가 한 가지 장난감에 관심을 갖는 시간은 길지 않다. 한 가지에 관심을 보이다 흥미를 잃으면 다른 장난감에 관심을 보이고 또 다시 재미있게 놀게 된다. 책도 마찬가지다. 예를 들어 아기에게 자동차 그림책을 보여 주며 놀다가 책에 집중이 떨어지면 자동차 장난감으로 아이의 시선을 끄는 놀이방식이 더 바람직하다. 아기의 신체, 정서, 인지, 행동발달이 고루고루 균형 있게 발달하는 것이 가장 중요하다는 것을 절대 잊으면 안 된다.

이제 새로운 사물에 대한 호기심이 많아지는 시기다. 이 시기에 부모는 정서적 교감을 기반으로 사물 인지 그림책을 활용하여 아기의 관심을 유도할 필요가 있다. 특히 9~12개월 사이에는 서로 교감하고 마음이 통하는 상호주관성이 잘 발달하기 시작한다. 부모와 아기가 서로의 관심사를 함께 보고 들으면서 경험을 나누는 시기다. 그런데 아기는 이제 세상을 배우는 과정이므로 엄마, 아빠가 어떤 사물에 주의를 기울이게 이끌어 주어야 아기도 관심을 갖게 된다.

이 시기에 아기는 자신이 원하는 것을 표현하기 위해 특별한 몸짓 언어를 사용하기 시작한다. 자기 두 팔을 올리거나 안아달라고 하고 원하는 물체를 가리키기도 한다. 이러한 행동은 아기가 자신이 원하는 바를 표현하는 몸짓 언어다. 아기도 자신의 경험 속에서 관심을 표현하고 공감해 주기 바라는 것이다. 그리고 이러한 과정이 다음 단계에서 더 상징적인 어휘를 사용하는 기초가 된다.

    이 시기 아기가 배우는 가장 중요한 개념 중 하나는 사물에는 이름이 있다는 사실이다. 부모가 반복적으로 사물의 이름을 말해 주고, 그와 관련된 경험을 제공하면 아기는 점차 어휘에 대한 이해를 넓혀 간다. 이렇게 아기는 7~12개월 동안 사물의 이름과 의미를 충분히 경험한 다음, 12개월 무렵부터 '엄마', '아빠'라는 단어를 시작으로 본격적인 어휘 발화를 늘려 가게 된다.

사물 인지를
촉진하는 그림책

사과가 쿵!
다다 히로시(글·그림), 보림

표지만 봐도 저절로 "사과가 쿵!" 하고 실감 나게 읽게 되는 그림책이다. 아이의 시각과 청각을 사로잡는 이 책은 "사각사각", "야금야금", "아삭아삭" 등 의성어와 의태어가 다양해 읽기만 해도 노래처럼 흥겹다. 글은 단순하지만 등장하는 곤충과 동물들의 이름과 이야기를 들려주게 되는 흥미로운 책이다. 특히 아기가 소리를 따라 말하는 경험을 하기에 무척 좋다.

안녕, 내 친구!
로드 캠벨(글·그림), 보림

친구가 필요해 동물원에 동물 친구를 보내 달라고 편지를 썼다. 그런데 도착한 동물 친구들의 상자는 다양한 모습이다. 너무 크고 무거운 상자, 키가 너무 큰 상자, 위험해 보이는 상자 등 다양하다. 과연 마음에 드는 친구를 만날 수 있을까? 아래로, 옆으로 플랩을 넘기면 동물이 나타나 흥미를 자극한다. 아기가 이름도 부르고 흉내도 내면서 즐겁게 다양한 언어를 경험할 수 있다.

빨간색 자동차, 초록색 자동차

로저 프리디(글·그림), 키즈엠

세상의 모든 색이 아주 재미있다며 다양한 색으로 된 여러 사물을 소개한다. 화살표 탭을 당기면 자동차 색깔이 변하면서 다른 동물이 등장하고 책장을 넘기면 또 다른 색의 사물들이 나타난다. 화살 탭을 당겨 자동차 색깔이 변하는 과정이 재미있으며 흥미롭게 다양한 사물을 배울 수 있다.

그건 내 조끼야

나카에 요시오(글), 우에노 노리코(그림), 비룡소

생쥐 엄마가 짜 주신 빨간 조끼가 정말 멋지다. 그런데 친구들이 차례로 나타나 "나도 한번 입어 보자."라며 생쥐의 조끼를 입는다. 오리, 원숭이, 물개… 점점 덩치가 큰 친구들이 등장한다. 과연 생쥐의 조끼는 어떻게 되었을까? 단순하지만 점층적인 이야기의 흐름이 흥미를 높인다. 생쥐 마음에 공감하는 능력도 덤으로 얻게 된다.

누가 내 머리에 똥 쌌어?

베르너 홀츠바르트(글), 볼프 에를브루흐(그림), 사계절

아이들의 호기심 1호인 똥을 주제로 한 기발한 그림책이다. 두더지의 머리 위로 똥이 떨어진다. 두더지는 "누가 내 머리에 똥 쌌어!" 소리치고 어느 동물의 똥인지 추적하기 시작한다. 비둘기, 말, 토끼, 염소… 새로운 동물을 만나 물어보는 과정에서 각 동물의 똥의 모습이 제각기 다르다는 사실도 알게 된다. 마지막의 복수 장면은 통쾌한 재미를 준다.

실천 포인트 **엄마, 아빠가 번갈아 읽어 주세요**

① 그림책 읽으며 대화를 나눌 때는 정서적 표현이나 어려운 단어를 말해 주는 것도 필요하다. 정답도 필요하지만 열린 질문도 필요하고, 인과관계에 대한 설명도 필요하다.

② 통계에 의하면 엄마는 책을 읽어 주면서 주로 정서적 표현을, 아빠는 어려운 단어, 열린 질문, 인과관계 설명을 더 많이 사용한다.

③ 엄마, 아빠의 그림책 대화에 차이가 있으므로 엄마, 아빠가 번갈아 읽어 주는 것이 바람직하다.

④ 책 읽어 주기에서 엄마, 아빠가 서로의 차이를 인정하지 못하고 지적하는 경우가 있다. 그럴 필요 없다. 중요한 것은 엄마, 아빠의 강점을 살려 즐겁게 읽어 주는 것이다.

CHAPTER 4

13~18개월 | 언어 감각이 폭발하는 시기

말이 술술 트이는
그림책 놀이

책과 노는 즐거움이
언어 감각을 깨운다

책과의 즐거운 기억을 만드는 방법

도서관의 책 냄새를 맡으면 왠지 모르게 마음이 편안해지는가? 책 속에 파묻혀 하루 종일 시간을 보내고 싶다는 생각을 해 본 적이 있는가? 혹은 풍경이 아름다운 카페에서 차 한 잔을 앞에 두고 읽고 싶었던 책을 펼쳐 보고 싶었던 적이 있는가? 성인이 되어서도 이런 감정을 느낀다면 분명 어린 시절 책과의 좋은 기억을 가지고 있을 것이다. 이는 책이 즐겁고 재미있으며 편안하고 지혜를 얻을 수 있는 존재라는 경험이 무의식 속에 깊이 각인된 결과이다.

부모라면 누구나 아이가 책을 보며 웃고, 심심할 때 자연스럽게 책을 찾으며, 마음이 힘들 때 책 속에서 위로와 길을 찾는 아이로 자라길 소망할 것이다. 이런 바람이 이루어지기 위해 부모가 해야 할 일은 매우 단순하고 명확하다. 아이가 책과 놀며 웃게 하면 된다. 그래서 영아기의 무의식적 기억 속에 책이라는 존재를 아주 기분 좋고 즐거운 존재, 기대와 희망을 찾을 수 있는 존재로 각인시키면 된다. 그러기 위해 아이에게 책을 즐거운 놀이로 인식하게 도와주어야 한다.

흔히 아기는 기억을 하지 못한다고 생각하기 쉽지만 사실 그렇지 않다. 기억이 사라지는 것이 아니라 저장 방식이 다를 뿐이다. 영아기의 기억은 특정한 사건을 명시적으로 떠올리지는 못하지만 감정과 몸의 기억으로 남는다. 아이가 책을 보며 즐겁게 놀았던 기억이 있다면, 이후 책을 접할 때마다 자연스럽게 기분이 좋아지고 심심할 때 책을 펼치는 아이로 성장할 가능성이 커진다. 따라서 아이가 책을 즐겁게 기억할 수 있도록 책과 함께하는 경험을 쌓아 주는 것이 중요하다.

이를 위한 가장 간단한 방법이 책 놀이다. 책의 글과 그림을 보여 주는 것도 중요하지만, 책이라는 물성을 활용하여 장난감처럼 다루는 경험도 효과적이다. 책을 읽어 주는 것만이 아니라, 책을 만지고 펼치고 쌓고 넘기며 자연스럽게 노는 과정도 필요하다. 책을 손에 들고 직접 탐색할 수 있도록 하는 것만으로도 아이에게는 책이 친숙한 존재로 자리 잡는다. 물론 책의 내용으로 다양한 놀이를 하는 것도 가능하지만 그것은 좀 더 나중의 일이다.

그렇다면 어린 아기와 어떻게 책 놀이를 할 수 있을까? 이를 이해하기 위해서는 먼저 놀이의 의미를 살펴볼 필요가 있다. 사실 놀이의 시작은 신생아기부터다. 엄마의 젖을 빠는 것도 놀이이며, 모빌을 바라보거나 팔다리를 흔드는 것도 모두 놀이에 해당한다. 다만, 이 모든 활동이 진정한 놀이가 되기 위해서는 중요한 전제 조건이 있다. 그것은 엄마, 아빠와 함께 웃고, 쓰다듬고, 껴안으며 접촉하고 대화하는 과정에서 즐거움을 느껴야 한다는 점이다. 같은 활동을 하더라도 정서적 교감이 있는가에 따라 즐거운 놀이가 될 수도 있고 그저 무의미한 반복 행위로 끝날 수도 있다.

아이의 발달은 결국 놀이를 통해 이루어진다고 해도 과언이 아니다. 놀이를 하면서 다양한 기술을 익히고, 문제를 해결하는 능력을 키우며, 실제 사건에서 겪는 어려움을 극복하는 연습을 한다. 또한 놀이를 통해 노력하고 애쓰는 과정을 내면화했다가 현실에서 이를 수행하는 능력도 발전한다. 놀이의 또 다른 중요한 역할은 정서적인 부분에서도 나타난다. 놀이는 아이가 경험했던 슬프고 화나고 괴로운 감정을 해소하는 치료적 기능을 한다. 아이는 억압된 감정을 놀이를 통해 표현하고 갈등과 좌절감을 방출하며 심리적 정화를 경험한다. 이렇듯 아이와 잘 노는 것은 건강한 발달을 돕고, 스트레스를 해소하며, 심리적 치유 기능까지 수행하는 중요한 일이다.

책놀이 세상을 만들어 주자

아기와 책 놀이를 하는 방법은 다양하다. 작은 보드북을 들고 까꿍놀이를 하며 얼굴을 가렸다가 나타나는 순간을 즐길 수도 있고, 보드북을 블록처럼 쌓았다가 무너뜨리며 공간 개념을 익힐 수도 있다. 책을 연결해 기차를 만들고 소리를 내며 기차놀이를 하거나 바닥에 펼쳐 징검다리 놀이를 해 보는 것도 재미있다. 책을 여러 권 펼쳐 세우면 아이를 둘러싼 작은 성이 되기도 한다. 병풍 그림책은 펼쳐 놓고 동물 찾기 놀이를 하기에 특히 좋다. 책장을 넘기며 동물 그림을 찾고, 동물 소리를 흉내 내거나 동물 관련 노래를 부르는 것도 훌륭한 놀이가 된다. "떡 하나 주면 안 잡아먹지!"라고 호랑이 흉내를 내며 읽어 주면 아기는 까르르 웃으며 즐거워한다.

이처럼 책을 매개로 한 놀이 경험이 중요한 이유는 아기가 책을 단순한 읽기 도구가 아니라 즐거운 놀이의 한 부분으로 인식하게 되기 때문이다. 촉감 놀이가 가능한 다양한 재질의 책을 만지며 촉감을 익히고, 헝겊책을 얼굴에 부비며 감각을 자극하고, 물에 젖지 않는 목욕 그림책을 활용해 물놀이하며 즐겁게 책을 경험하는 것도 좋은 방법이다. 이러한 놀이를 통해 아기는 자연스럽게 책과 친해지며, 책을 좋아하는 아이로 성장한다.

그림책 놀이의 즐거움에 푹 빠진 아기는 12개월이 넘어가면서 이런 모습을 보이기 시작할 것이다.

"책을 주면 팽개치듯 던지던 아기가 어느 순간 책을 들고 다녀요. 엄마에게 와서 '음음' 하며 읽어 달라고 하기도 해요. 아직 말도 못하는 아기가 책을 읽어 달라고 하다니 너무 신기해요."

"제가 책을 좋아해 여기저기 그림책을 두고 자주 읽어 줬어요. 보이는 게 책이니 아기도 스스로 책을 가지고 오네요. 그 작은 손가락으로 동물을 짚으며 소리를 흉내 내려고 입술을 달싹거려요. 동물 이름도 많이 기억해요. 토끼, 오리, 돼지, 코끼리가 어딨는지 물으면 손가락으로 척척 알아맞히기도 해요. 아기가 언어를 이렇게 배우고 있다는 사실이 너무 신비롭고 기특해요."

"그림책의 의성어, 의태어를 강조해서 읽어 주면 까르르 웃으며 좋아해요. 엄마, 빠빠, 멍머, 소리 내는 것도 신기해요. 책을 읽어 주는 보람을 느껴요."

책을 활용한 놀이가 중요한 이유는 이 과정에서 아이의 언어 감각이 급격히 발달하기 때문이다. 많이 놀아야 감각이 좋아지고, 감각이 좋아져야 인지능력이 발전하며, 그래야 다가오는 어휘 폭발기에 더욱 놀라운 언어 능력의 성장으로 이어질 수 있다. 책을 통한 상호작용이 충분할수록 아이는 자연스럽게 언어에 대한 감각을 익히고 말로 표현하는 즐거움을 배우게 된다.

이제 그림책을 활용해 더욱 다양한 놀이를 시도해 보자. 아이가 놀이 속에서 책을 경험하고, 책을 통해 놀이하며, 책과 함께하는 시간을 더욱 즐겁게 느끼도록 만들어 주는 것이 중요하다. 책을 좋아하는 아이는 결국 세상을 더욱 깊이 이해하고 탐구하는 아이로 자라게 될 것이다.

책놀이 하기 좋은 그림책

코코코코 놀이 그림책

김숙(글), 석철원(그림), 북뱅크

"코코코코 코코코코!" 아기의 몸을 짚어 가며 운율을 살려 읽어 주면 몸의 명칭을 익히며 즐겁게 놀 수 있다. 코끼리와 동물들의 생동감 있고 코믹한 몸동작이 특히 재미있다. 책장을 넘기면 한 마리씩 추가되어 수를 세어 가면서 읽게 되므로 수 감각도 키울 수 있다. 신체 자각 능력의 발달에도 큰 도움이 된다.

두드려 보아요

안나 클라라 티돌름(글·그림), 사계절

한 면을 가득 채운 파란 문이 있다. 이 문을 두드려야 책장을 넘길 수 있다. 아기 손을 잡고 함께 똑똑 두드려 보자. "짠" 하고 넘기면 새로운 장면이 펼쳐진다. 다음 방으로 넘어가기 위해서는 또 다른 색깔의 문을 두드려야 한다. 책이 말을 걸면 거기에 답하고 두드리며 놀 수 있는 책으로 책과 함께 논다는 것이 무엇인지 잘 알려 준다.

돌돌돌

임연재(글·그림), 창비

동물 친구들의 다친 곳을 붕대로 돌돌돌 감아 주며 치료하는 병원놀이책이다. 치료받은 친구들이 또 다른 친구들을 돌돌돌 붕대로 감아 주며 서로 돌보고 치유하는 과정을 함께할 수 있다. 한참 기어다니고 붙잡고 일어서며 넘어지고 다치는 시기의 아기들에게 함께 치유하고 돌보며 마음의 힘을 얻는 과정을 따뜻하게 보여 준다.

북을 치자! 둥둥!

기쿠치 치키(글·그림), 길벗어린이

"둥 두둥 두둥두둥" 신나는 북소리와 운율이 흥을 돋운다. 북을 두드리면 고양이가 나타나고, 또 두드리면 다른 동물이 또 나타난다. 옆에 인형을 가져다 두고 하나씩 등장시키는 놀이로 활용하면 더 재미있다. 아이의 두 팔과 다리를 함께 움직이며 신나게 놀다 보면 저절로 몸이 들썩인다.

점이 모여 모여

엄정순(글·그림), 창비

빨간 점이 모여 선이 되고, 선이 데굴데굴 오르락내리락하다 삐죽빼죽 변신한다. 과연 점은 무엇이 되었을까? 국내 최초로 발간된 점자 촉각그림책으로 시각장애 어린이뿐 아니라 모든 어린이들이 읽고 듣고 만지며 공감을 경험할 수 있다. 단순하지만 예쁜 그림과 글이 마음에 오래오래 남는다.

어휘력이 폭발하는 순간, 그림책이 주는 언어 자극

내 아이의 언어 발달, 정상일까? 늦은 걸까?

"18개월 된 남아(서진)인데 또래보다 말이 느려 고민이에요. 12개월쯤에 분명 엄마, 맘마라는 말도 했고 머머, 야오처럼 의성어도 비슷하게 소리 냈어요. 그런데 18개월이 된 지금은 별로 늘지 않는 것 같아요. 이때쯤부터 어휘 폭발기로 갑자기 말이 많이 든다는데 우리 아이는 왜 별 변화가 없을까요? 옹알이 같은 말만 많이 하고 제대로 하는 말은 20단어 정도뿐인 것 같아요. 혹시 언어발달 지연인가요?"

이 사례의 고민에서 두드러지는 두 개의 단어가 있다. 바로 어휘 폭발기와 언어발달 지연이다. 어휘 폭발기를 이해하면 언어 발달에 대한 걱정을 덜 수 있는지 판단할 수 있고, 반대로 실제로 언어 발달이 늦어지고 있다면 어떻게 도움을 줄 수 있을지를 알아보는 데 도움이 된다.

우선 정말 아이의 언어가 늘지 않고 있는지 확인하는 것이 필요하다. 12개월 무렵에 '엄마', '맘마' 같은 단어를 말하기 시작했고, 18개월이 된 현재 20개 정도의 단어만 사용하고 있다면 언어 발달 속도가 또래보다 느린 것으로 보인다.

일반적으로 언어 발달 연구에 따르면 9개월 무렵부터 아기는 어휘를 이해하기 시작하고, 12개월경 첫 단어를 말하며, 13개월이면 이해할 수 있는 단어가 약 50개에 도달한다. 이후 12개월부터 하루 평균 1개의 단어를 학습하여, 18개월이면 표현 어휘가 평균 50~70개 정도가 된다. 그리고 표현 어휘 수가 약 50개 이상이 되는 시점에서 어휘 습득 속도가 급격히 빨라지며 한 단어를 쓰던 단계에서 두 단어를 결합한 문장 형태로 발달하기 시작한다.

이러한 언어 발달 과정에서 중요한 것은 수용 언어의 경험이 풍부해야 표현 언어가 발달할 수 있다는 점이다. 즉, 아이가 얼마나 많은 단어를 듣고 이해하는지가 이후 표현 능력으로 연결된다. 이 기준을 적용해 보면, 서진이가 현재 20개

정도의 단어만 말하고 있다면 일반적인 18개월 아이의 평균(50~70개)보다 현저히 적은 편이다. 따라서 언어 발달이 또래보다 느린 편이라고 볼 수 있다.

그렇다면 정말 아이가 20개 단어 정도만 말하는 것이 맞는지 확인해 볼 필요가 있다. 아이가 말을 적게 하지만 실제로 이해하는 단어는 많을 가능성도 있다. 만약 표현 어휘뿐만 아니라 이해하는 어휘도 적다면 언어 발달 속도가 실제로 늦어진 것일 수 있으며, 이 경우 그 원인을 분석해 보는 것이 중요하다. 또한 정상적으로 언어 발달을 보이던 아이가 갑자기 언어 발달 속도가 멈춘 것처럼 보인다면 그동안 어떤 변화가 있었는지 살펴볼 필요가 있다.

서진이와 놀며 그림책을 읽어 주며 관찰해 보니 서진이가 하는 말은 이랬다.

> 엄마, 아빠, 빠방, 기차, 뿌뿌, 맘마, 케크, 밥, 무, 까까, 머야, 쉬야, 똥, 바, 누, 코, 이, 기, 차, 뽀, 개, 고, 꼬, 비, 바나, 따따, 게안, 아크, 땍, 까꿍, 이거, 자, 또, 멍머, 꽤꽤, 꿀꿀

상담 중 아이가 평소보다 더 많은 소리를 내는 것을 보고 엄마는 신기해하며 놀라워했다. 이유가 뭘까? 바로 상담사의 적절한 상호작용이 있었기 때문이다. 이는 적절한 상호작

용이 있을 때 아이가 언어적으로 더 활발하게 반응한다는 점을 보여 주는 순간이었다.

처음에 엄마가 아이의 언어 발달이 느리다고 생각한 이유는 아직 조음 능력이 충분히 발달하지 않아 아이가 말하는 단어들을 제대로 알아듣지 못했기 때문이었다. 예를 들어, '고'는 '고양이', '티'는 'TV', '바나'는 '바나나', '게안'은 '계란', '아크'는 '아이스크림'을 의미하는 말이었다. 하지만 엄마는 아이가 정확한 단어로 발음한 것만 이해하고 명확하지 않은 단어들은 그냥 옹알이로 생각하며 아이가 말을 하지 않는다고 오해했던 것이다. 또한 아이가 관심을 두는 대상이나 손가락으로 가리키는 것을 함께 바라보며 반응하는 민감성이 부족했고, 그로 인해 아이가 말하는 것에 대한 즉각적인 반응을 보이지 못했다.

그러나 서진이는 이미 열심히 단어를 배우고 있었다. 그림책을 읽어 주자 "땍땍(책)"이라며 반응했고, 기차 그림을 보며 "뿌뿌"를 외쳤다. 즉, 어휘 습득에 문제가 있는 것이 아니라 자연스럽게 언어를 배우는 과정 속에 있었던 것이다. 이러한 단어들이 비록 완전한 형태는 아니더라도 언어 발달의 한 부분이라는 점을 설명하자 엄마는 비로소 "그럼 이것도 다 말하는 거네요."라며 깨닫기 시작했다.

엄마는 곧 아이가 애니메이션 캐릭터 이름도 자신의

방식으로 표현하고 있다는 사실을 떠올렸다. "뽀(뽀로로)", "누ㅍ(루피)", "빼ㅌ(패티)", "포(포비)", "크(크롱)"라고 말하는 것도 하나의 어휘 표현이라는 점을 인식하게 된 것이다. 결국 서진이는 20개 단어만 말하는 것이 아니라, 조음이 정확하지 않을 뿐 실제로는 훨씬 더 많은 단어를 사용하고 있었다는 점이 확인되었다.

하지만 엄마의 또 다른 걱정, 즉 어휘 폭발기에 접어들었는데도 언어 발달이 느린 것이 아닌가 하는 불안감이 남아 있었다. 이를 해결하기 위해서는 어휘 폭발기의 개념을 정확히 이해할 필요가 있다.

18개월 아기의 평균적인 표현 어휘 수는 약 50~70개 정도이다. 이후 언어 습득 속도가 급격히 빨라지기 시작하며, 20개월이 되면 남아는 약 80개, 여아는 약 100개 정도의 어휘를 표현하게 된다. 그리고 24개월 전후가 되면 남아는 평균 250개, 여아는 300개 정도로 어휘가 폭발적으로 증가한다. 이 시기를 어휘 폭발기라고 하며, 특히 23~24개월에는 하루에 34개의 새로운 단어를 습득할 정도로 언어 발달이 급격하게 이루어진다.

남아의 언어 발달이 여아에 비해 다소 느린 것은 발달적 특성이므로 큰 걱정을 할 필요는 없다. 점차 그 차이가 좁혀지면서 36개월이 되면 남아와 여아 모두 평균적으로 500개

이상의 어휘를 표현할 수 있게 된다. 중요한 것은 현재 아이가 언어를 배우고 있는 과정 속에 있는가, 그리고 꾸준히 새로운 어휘를 습득하고 있는가이다. 서진이는 조음이 아직 명확하지 않지만 이미 다양한 단어를 말하고 있으며 그림책을 통해 새로운 단어를 접하고 반응하는 모습을 보였다.

어휘 폭발기가 오면 아이는 부모가 하는 말을 그대로 흡수하고 따라 말하기 시작한다. 24개월 무렵의 아이들이 부모의 말뿐만 아니라 TV와 동화책 속의 문장까지도 쉽게 따라 하는 모습을 자주 볼 수 있다. 어린이집에서 떡 간식을 받은 한 아이가 "떡 하나 주면 안 잡아먹지!"라고 외쳐 선생님들을 웃게 했다는 사례처럼, 이 시기의 아이들은 듣고 배운 표현을 상황에 맞게 사용할 수 있는 능력이 급격히 발달한다.

아이가 현재 또래보다 말이 느린 것처럼 보이더라도 중요한 것은 아이가 꾸준히 새로운 어휘를 배우고 표현하는 과정 속에 있는지를 확인하는 것이다. 시진이의 경우 엄마가 아이의 언어 표현을 명확하게 이해하지 못했던 것이 주요한 원인이었고, 실제로는 꾸준히 새로운 단어를 익히고 있었다. 따라서 서진이에게 필요한 것은 더 많은 언어적 자극과 상호작용을 통해 자연스럽게 어휘를 늘릴 수 있도록 돕는 것이다.

말이 늦는 아이, 책이 답이다

그런데 앞의 기준은 평균 발달의 기준이며 각 아이마다 발달 속도는 다를 수 있다. 모든 아이가 동일한 속도로 언어를 익히는 것은 아니다. 서진이의 경우도 마찬가지다. 현재 말을 배우는 과정 속에 있지만 또래 평균에 비해 표현 어휘량이 적은 것은 사실이었다. 그렇다면 왜 이렇게 아이들마다 언어 발달의 차이가 나는 것일까?

걷기와 같은 신체 발달은 타고난 요인이 크게 작용하지만 언어 발달은 후천적인 환경의 영향을 전적으로 받는다. 즉, 얼마나 많은 언어 자극을 듣고 얼마나 많은 상호작용을 경험했느냐에 따라 언어 감각과 어휘력이 크게 좌우된다. 아이가 부모와 눈을 맞추고 교감하며 상호작용할 때 가장 효과적으로 언어를 배울 수 있다. 단, 일방적으로 말을 많이 들려주는 것이 아니라 아이가 반응하고 참여할 수 있는 대화가 이루어지는 것이 핵심이다. 그래서 TV나 스마트폰과 같은 미디어를 통한 언어 자극은 언어 발달에 오히려 해가 될 수 있는 것이다.

그렇다면 실제 연구 결과는 어떨까? 서울시와 대한소아청소년정신의학회가 2022년에 발표한 '포스트 코로나 영유아 발달 실태 조사'에 따르면, 만 0~5세 영유아 542명을 대상으로 조사한 결과, 언어·정서·인지·사회성 등 전 분야에서 정상적인 발달을 보이는 아동은 52퍼센트에 불과했고, 영유아 세 명 중 한 명은 언어 발달이 지연된 상태였다.

미국 브라운대 소아과 션 데오니(Sean Deoni) 교수팀의 연구에서도 코로나19 이전과 이후의 영유아를 비교했을 때, 평균 지능이 13.7~21.1 낮아진 것으로 나타났다. 이는 코로나19 기간 동안 상호작용이 줄고 언어적 자극이 감소하면서 언어 및 인지 발달이 전반적으로 둔화된 결과다. 코로나19는 지났지만 그 3년의 시간 동안 0~3세 시기를 보낸 아기들의 언어 발달에 치명적인 결과를 가져온 점은 부인할 수 없다.

이와 관련한 또 다른 연구가 있다. 2022년 미국, 영국, 독일, 프랑스, 이스라엘 등 13개국의 언어학자 및 심리학자들이 생후 8~36개월 영유아 1,742명을 대상으로 코로나19로 첫 봉쇄가 시작될 때부터 종료될 때까지 언어발달 정도를 국가별로 평가한 결과를 발표했다. 연구 결과, 특히 만 1세 이전의 아이들에게서 언어 발달 지연이 두드러지게 나타났다. 이 연구에서 흥미로운 점은 TV, 스마트폰, 태블릿 등 미디어 노출 시간이 많았던 영아들의 경우, 수용 어휘(듣고 이해하는 단어)는 큰 영향을 받지 않았으나, 표현 어휘(말로 표현하는 단어)의 발달이 현저히 느려졌다는 것이다.

그 이유는 단순하다. 미디어는 상호작용이 없는 일방적인 언어 자극을 제공하기 때문이다. TV나 스마트폰이 아무리 많은 단어를 들려주더라도 아이는 그에 대해 대답할 필요가 없다. 결국 아이는 언어를 듣기만 할 뿐, 말할 기회를 충분히 얻지 못하는 것이다. 또한 미디어를 보는 시간이 늘어날수록 부모와의 직접적인 대화 시간이 줄어들고, 이를 통해 얻을 수 있는 다양한 언어 자극과 경험은 사라지게 된다.

전문가들은 24개월에도 표현 어휘가 50개 미만이거나, 두 단어 문장을 잘 구사하지 못할 경우 언어 평가를 받아 보는 것이 좋다고 조언한다. 다만 섣불리 언어 발달 지연을 걱정하기보다는 현재 우리 아이의 언어 발달을 돕기 위해 무엇을 할 수 있는지를 고민하는 것이 더욱 중요하다.

서진이의 경우, 조금 느린 속도이지만 꾸준히 말을 배우는 과정 속에 있다. 이 아이를 어떻게 도와주면 좋을까? 앞서 언급한 13개국 연구에서 중요한 점이 있다. 코로나19 기간 동안 외부 사람들과의 접촉이 줄어든 상황에서 미디어 노출 시간이 적고, 부모가 하루 15~30분 이상 책을 읽어 준 아이들의 경우는 어땠을까? 놀랍게도, 책을 더 많이 읽어 줄수록 수용 어휘력과 표현 어휘력이 더 많이 발달했다는 연구 결과가 나왔다. 심지어 일부 아이들은 또래 평균보다 언어 발달이 앞서는 모습을 보이기도 했다. 이는 책 읽어 주기와 미디어 노출 정도가 수용 언어와 표현 언어의 발달에 매우 중요한 영향을 미친다는 것을 의미한다.

가장 효율적인 방법은 이미 밝혀져 있다. 부모가 아이와 직접 상호작용하며 책을 읽어 주는 것이 가장 효과적인 언어 발달 방법이다. 실제로 책을 읽어 주는 부모는 일상적인 대화보다 훨씬 더 다양한 어휘를 사용하게 되며, 아이는 이를 통해 더 풍부한 언어 환경을 경험하게 된다.

말이 열리는 책 읽기의 시간

언어 발달은 단순히 말하는 능력만의 문제가 아니다. 아이가 언어를 원활하게 익히지 못하면 그 영향은 심리적 발달에도 깊이 연결될 수 있다. 언어가 원활하지 않으면 의사소통이 어려워지고, 그로 인한 좌절감과 스트레스가 짜증과 분노로 이어지며 때로는 공격적인 행동으로 표출될 수도 있다. 아이가 하고 싶은 말을 표현하지 못하면 감정 조절에도 어려움을 겪게 되고 사회성이 발달할 기회 또한 줄어들게 된다.

언어 발달을 이해할 때 꼭 알아두어야 할 것이 있다. 바로 수용 어휘와 표현 어휘의 차이다. 아이가 이해하는 단어와 실제로 말할 수 있는 단어에는 큰 차이가 있다. 9개월 영아를 18개월까지 추적하며 일주일에 두 번씩 어휘를 관찰하고 녹음한 연구에 따르면 아이마다 차이는 있지만 평균적으로 50개의 단어를 이해한 후에야 10개의 단어를 표현할 수 있었다. 다시 말해, 아이가 10개의 단어를 말할 때 실제로는 30~182개의 단어를 이해하고 있다는 의미다.

또한 수용 어휘 50개에서 표현 어휘 50개까지 도달하는 데에는 평균 5개월의 차이가 있었다. 즉, 아이는 먼저 듣고 이해한 뒤, 점진적으로 표현하는 단어를 늘려간다. 이 과정에서 수용 어휘가 충분히 늘어나야 표현 어휘도 증가할 수 있다는 점을 주목하자.

아이가 처음 이해하는 10개의 단어는 두 가지로 나뉜다. 대부분은 일반 명사나 사물을 가리키는 단어이고, 나머지 50퍼센트는 행위 동사(주다, 뽀뽀하다, 안아 주다 등)이다.

아이가 언어를 얼마나 풍부하게 익히느냐는 부모와의 상호작용 경험에 따라 크게 달라진다. 같은 연령대의 아이들이라고 해도 부모가 얼마나 많은 대화를 나누고, 어떻게 상호작용했느냐에 따라 어휘 수와 문장 구성 능력에 차이가 날 수밖에 없다.

많은 부모가 말이 느린 아이를 걱정하면 "아빠도 늦게 말했어." 또는 "그냥 놔두면 저절로 해결될 거야."라는 말을 듣곤 한다. 물론 그런 경우도 있다. 하지만 간과하면 안 되는 중요한 점은 언어 지연이 아이의 심리에 미치는 영향이다.

아이가 말을 하지 못해 의사소통에 어려움을 겪으면

답답함이 쌓이고 짜증이 늘어난다. 자신의 말을 주변에서 알아듣지 못하면 좌절감을 느끼고 그 감정이 울음과 분노로 표출될 수도 있다. 반대로 부모도 아이의 요구를 정확히 이해하지 못할 때 안타까운 마음과 함께 육아의 어려움을 더욱 크게 느끼게 된다.

이러한 문제를 예방하고 해결하는 가장 효과적인 방법 중 하나는 역시 책을 읽어 주는 것이다. 아이가 낮에 놀다 심심할 때, 새로운 것을 원할 때, 사랑을 받고 싶을 때, 졸려서 칭얼거릴 때, 부모가 다정한 목소리로 읽어 주는 책은 아이의 정서적 안정뿐만 아니라 언어와 인지 능력까지 함께 발달시키는 강력한 도구가 된다.

생후 7개월부터 사물 인지 그림책을 꾸준히 읽어 주었다면, 이제는 3~4단어 문장이 있는 책, 따라 하기 쉬운 문장 구조를 가진 책, 그리고 다양한 상황을 제시하는 책을 추가해 주는 것이 좋다. 물론 잠자리에서 긴 이야기를 들려주는 것도 여전히 중요한 과정이다.

특별히 정해진 책이 아니어도 괜찮다. 단, 아이의 관심사를 고려하여 '엄마 · 아빠 → 음식 → 동물과 식물 → 주변 사물' 순서로 다양한 그림책을 접하도록 돕는 것이 효과적이다. 이 과정을 잘 따라가다 보면, 아이는 자연스럽게 언어를 익히고, 어느 순간 어휘 폭발기를 맞이하게 될 것이다.

언어 자극을 주는 그림책

부릉부릉 누구 생일?

김정희(글), 이희은(그림), 사계절

부릉부릉 생일 자동차가 달린다. 과연 누구 생일까? 해님, 물방울, 구름, 달님이 모두 입을 크게 벌려 "후" 하고 불어 생일 촛불을 끈다. 아이와 실감 나게 숨을 들이쉬고 내쉬며 놀 수 있는 책이다. 서로 묻고 답하는 경쾌한 대화를 따라 하며 말을 배우기에도 좋다.

아빠랑 간질간질

함지슬(글), 유현진(그림), 바람의아이들

아기 토끼가 드르렁 드르렁 깜빡 잠든 아빠에게 살금살금 다가가 발바닥을 간질인다. 화들짝 놀란 아빠가 깨어나고 아기 토끼가 깔깔깔 웃는다. 아빠 고양이와 아기 고양이, 아빠 곰과 아기 곰, 이렇게 차례로 등장해 똑같이 간지럼을 태우고 똑같이 웃는다. 웃음이 절로 전염되는 책으로 아이가 심심할 때 읽어 주면 실컷 웃을 수 있다.

입이 큰 개구리

키스 포크너(글), 조너선 램버트(그림), 미세기

입이 큰 개구리가 파란 새를 만나 공손하게 질문을 던지며 이야기가 시작된다. "저는 입이 큰 개구리예요. 새님은 무엇을 먹고 사세요?" 파란 새의 대답 역시 구체적이고 올바른 존댓말로 표현되어 자연스럽게 바른 언어 사용을 익힐 수 있다. 그림책 속 각 동물의 생김새와 특징이 자세하고 생생하게 묘사되어 있어 아이들의 호기심을 자극하고 다양한 동물에 대한 관심을 높인다. 또한 각 동물들의 먹이와 먹이사슬에 관한 개념도 자연스럽게 익힐 수 있다.

또 누구게?

최정선(글), 이혜리(그림), 보림

노을 빛으로 물든 덤불 속에 두 귀가 쫑긋, 과연 누구일까? 노란 은행나무에 얼굴을 숨긴 덩치 큰 친구는 누구일까? 떡갈나무 이파리 가면 뒤에 숨은 친구는 또 누구일까? 숨은 동물의 특징을 구체적으로 말해 주면서 동물이 누구인지 알아맞히는 이야기다. 각 동물의 특성도 잘 이해할 수 있는 책으로 그림 속 힌트를 짚어 가며 유추하는 능력도 키워 줄 수 있다.

네가 기린이 되든 곰이 되든 우린 널 사랑해

낸시 틸먼(글·그림), 내인생의책

어느 날 아이가 코뿔소로, 빨간 꼬마 여우로 변신하고, 또 낙타나 분홍빛 아기 돼지로 변해도 엄마는 언제나 자신의 아이를 단번에 알아본다. 글밥이 다소 많지만 상상력을 자극하는 이야기 덕분에 아이가 자연스럽게 몰입하게 되는 그림책이다. 이야기를 들려주며 부모는 아이에게 무조건적인 사랑의 메시지를 전할 수 있다. 다양한 동물로 변하는 과정을 통해 아이는 풍부한 어휘와 문장 구조에 자연스럽게 익숙해질 것이다. 따스한 색감과 감성적인 그림체는 엄마와 아이 모두에게 포근한 행복감을 안겨 준다.

그림책 모델링으로
배움이 자라요

아기는 세상을 따라 하며 배운다 - 모방학습

아기는 본능적으로 흉내쟁이다. 엄마가 전화를 받는 모습을 보면 아기도 네모난 장난감으로 전화 받는 시늉을 하고, 바닥을 닦는 모습을 보면 손에 잡히는 물건으로 바닥을 닦는 흉내를 낸다. 엄마가 청소기를 돌릴 때 아빠가 카페트를 들어 올리며 도와주는 모습을 몇 번 본 아기는, 아빠가 없을 때 엄마가 청소기를 돌리자 카페트 모서리를 붙잡고 들어 올리는 시늉을 한다. 이처럼 아기는 본 대로 따라 하며 세상을 배우는 존재다.

그렇다면 아기의 이 신기한 모방 능력은 언제부터 시작될까? 신생아도 타인의 행동을 모방할 수 있다는 사실을 입증한 실험이 있다. 미국의 발달심리학자 앤드류 멜조프(Andrew Meltzoff)는 생후 72시간이 채 지나지 않은 신생아에게 혀를 내미는 동작을 네 번 반복해서 보여 주었다. 그러고 나서 가만히 기다리자 신생아도 똑같이 혀를 내미는 모습을 보였다. 학습할 시간이 거의 없었던 신생아가 타인의 동작을 따라 했다는 것은 모방 능력이 타고난 학습능력임을 보여 준다.

말을 배우기 시작하면서 아기가 동물 흉내를 내는 것도 관찰하고 배우는 모방의 과정이다. 공격적 행동이건 친사회적 행동이건 모두 다른 사람을 모방하여 획득할 수 있는 행동이라고 보면 된다. 그런데 이렇게 보고 따라 하는 과정은 모방과 모델링의 두 가지 형태로 나눈다. 모방은 아이가 타인의 행동을 그대로 따라 배우는 것이며, 모델링은 아이가 다른 사람의 행동을 관찰하며 다양한 강화를 통해 그 행동과 특성을 내면화하여 그처럼 행동하게 되는 과정을 말한다.

따라서 아이가 좋은 행동을 모방하고 내면화하도록 부모가 올바른 행동 모델을 보여 주는 것이 매우 중요하다. 부모가 바람직한 행동을 보일 때 아이는 이를 따라 하려 하고, 그 과정에서 칭찬과 격려를 받으면 더욱 그 행동을 강화하려 한다. 따라서 단순한 모방을 넘어 아이가 긍정적인 모델링을 경험할 수 있도록 돕는 것이 중요하다.

　　아기는 생후 7개월 이후부터 엄마, 아빠의 다양한 제스처를 모방하기 시작한다. 예를 들어, 《두드려 보아요》라는 책을 읽으며 엄마가 책을 두드리면 아기도 작은 주먹으로 책을 두드리려 한다. 이때 부모가 아기의 행동을 보고 기뻐하며 손뼉을 치고 칭찬하면 아기는 같은 행동을 반복하게 된다. 이후 다시 책을 읽을 때도 엄마를 따라 학습된 행동을 자연스럽게 보여 준다.

　　생각보다 아이의 기억력은 훨씬 뛰어나다. 생후 11개월만 되어도 24시간 전에 본 행동을 기억하고 모방할 수 있으며, 14개월이 되면 1주일 전에 본 인상적인 행동을 기억해서 따라 할 수 있다. 아마 믿기 어려울 것이다. 이를 입증하는 실험을 살펴보자. 앤드류 멜조프는 14개월 된 아기들을 대상으로 상자의 윗면에 이마를 대면 불이 켜지는 실험을 진행했다. 실험자는 아기들이 보는 앞에서 이마로 상자를 눌러 불을 켰고, 1주일 후 같은 상자를 다시 보여 주었다. 그러자 67퍼센트의 아기들이 이마를 상자에 대며 불을 켜려 했다. 이 실험이 흥미로운 이유는 불을 켜기 위해서는 손을 사용하는 것이 훨씬 효율적인데도 아기들이 실험자가 했던 행동을 그대로 따라 했다는 점이다.

　　만약 아이가 모방을 잘하지 않는다면 학습 속도와 이해

력이 또래보다 느려질 가능성이 있다. 실제로 영유아 발달 검사에도 아이의 모방 능력을 평가하는 항목이 포함된다. 비질하기, 전화 거는 흉내 내기, 혀 차는 소리 내기 같은 행동을 얼마나 잘 따라 하는지를 관찰하여 발달 상태를 점검하는 것이다.

그런데 한 가지 유의할 점이 있다. 만약 아기가 누군가 물건을 집어던지는 걸 본다면, 또는 인형을 때리거나 집어던지는 걸 본다면 어떨까? 아기는 아무런 가치판단을 하지 않고 주변 사물을 던지고 때리는 행동을 하게 될 것이다. 이렇게 아기가 사회적으로 좋고 바람직한 행동만 모방하는 것이 아니라, 그저 흥미롭게 보이는 행동을 모방한다는 사실을 절대 잊으면 안 된다.

자동적 모방 vs. 관찰 학습(모델링)

아직 언어를 완전히 이해하지 못하는 아기에게 무언가를 가르치고 싶다면 가장 효과적인 방법은 긍정적인 모델링을 제공하는 것이다. 즉, 좋은 행동을 많이 보여 주고 이를 자연스럽게 반복할 수 있도록 자극을 주는 것이 바람직하다.

아기의 모방능력이 얼마나 뛰어난지 알려 주기 위해 부모들에게 12~18개월 아기에게 "하이 파이브"를 가르쳐 보라고 하면 대부분의 엄마가 아기의 한 손을 들어 손바닥을 펴게 하고 자신의 손바닥과 마주치며 열심히 말해 준다. "이렇게 하이 파이브 하는 거야. 하이! 파이브! 짝!"

얼마만큼 설명하면 아기도 손바닥을 마주칠 수 있게 될까? 참 힘이 드는 방법이다. 이보다 더 수월하고 효과적인 방법이 있다. 모델을 보여 주는 일이다. 엄마, 아빠가 아기 앞에서 서로 마주보며 하이 파이브를 하면 된다. 몇 번만 보여 줘도 엄마가 "하이 파이브"라며 손을 들면 아기도 손을 드는 모습을 보인다. 굳이 말로 설명하지 않아도 되는 것이다.

보통 엄마, 아빠라는 단어를 아이가 말하기까지 수백, 수천 번을 들려주었을 것이다. 하지만 행동 모방은 그렇게 어렵지 않다. 한 번만 봐도 즉시 따라하는 행동도 있으니 말이다.

어떤 아기는 한 번만 시도해도 쉽게 따라 하고 어떤 아기는 몇 번 더 모델을 보여 주어야 할 수도 있다. 모방행동의 발달 정도에 따라 받아들이고 배우는 속도는 다를 수 있는 것이다. 그러니 어떤 행동 하나를 가르치고 싶다면 일단 보여 주는 것이 먼저다.

이처럼 아기가 자동적으로 따라 하는 모방 행동은 '자동적 모방'으로, 특별한 인지적 개입 없이 일어난다. 그래서 모방학습은 관찰학습인 모델링과 구분해서 이해하는 것이 바람직하다. 관찰학습이란 사회적 상황에서 다른 사람의 행동을 관찰해 두었다 유사한 행동을 하는 것이다. 어찌 보면 모방학습과 차이가 없어 보이지만 관찰하고 기억하며 저장하고 할지 말지를 판단하는 것이 다르다. 즉 인지과정이 개입된다는 것이다. 예를 들어 혀 내밀기는 자동적으로 일어나는 모방이지만, 하이 파이브를 보여 주고 따라하는 과정은 관찰하고 기억하며 엄마, 아빠와의 상호작용을 위해 아이가 선택한 관찰학습으로 볼 수 있다.

관찰학습은 네 가지 인지 과정을 거친다. 첫 번째는 모델의 행동에 주의를 기울이는 '주의 과정'이며, 두 번째는 관찰한 내용을 기억 속에 저장하는 '저장 과정'이다. 이후 이를 실제 행동으로 재현하는 '운동 재생 과정'을 거친 뒤, 마지막으로 특정한 상황에서 해당 행동을 할 것인지 결정하는 '동기화 과정'이 이루어진다. 즉, 단순한 모방 행동처럼 보이지만 아기의 뇌에서는 이처럼 섬세한 인지 과정이 작동하고 있는 것이다. 이러한 과정을 이해하는 것은 아기의 학습과 발달을 돕는 데 매우 중요한 요소가 된다.

모델링, 그림책이 답이다

그런데 부모가 모든 행동을 모델링해 보여 주는 데는 분명 한계가 있다. 그래서 이 시기에 아기에게 보여 주어야 할 그림책은 다양한 상황에서 아이가 배워야 할 좋은 행동, 바람직한 모습에 대한 모델링을 할 수 있는 책이다. 미소 짓고 인사하고 웃고 껴안고 다독이고 즐겁게 노는 모습을 보여 주어야 하고, "사랑해.", "고마워.", "미안해."라는 말이 많이 나오는 책도 필요하다. 이런 예쁘고 즐겁고 좋은 모델이 많이 등장하는 그림책을 읽어 주자. 무엇보다 아기가 보고 따라 하며 즐겁게 놀이할 수 있는 그림책을 기본으로 삼아야 한다.

그런데 이 시기의 그림책을 고를 때 조심할 점이 있다. 무례한 행동, 던지고 때리는 행동을 하지 않아야 한다는 걸 가르쳐 주기 위해 그런 행동이 묘사된 책을 이 시기에 보여 주는 건 조심해야 한다. 예를 들어, 그림책 내용 중에 친구를 밀치거나 때리거나, 혹은 때리려는 행동이 묘사되어 있다면 아직 보여 주지 않는 것이 좋다. 아기는 아직 가치판단을 하지 않는다. 즉, 무엇이 도덕적인 것이고 사람이 하면 안 되는 행동이 무엇인지 모른다. 그저 자극적이고 흥미롭게 보이는 행동에 강력한 모방학습이 일어난다.

실제로 몇몇 부모들은 아기가 그림책을 본 후, 책 속 캐릭터와 똑같은 자세로 손을 들어 엄마를 때리려 해서 깜짝 놀란 경험이 있다고 한다. 아직 울음으로 감정을 표현하던 아기가 그림책을 통해 새로운 행동을 학습한 것이다. 이처럼 아기가 무엇을 보고 듣느냐에 따라 행동이 형성된다는 점을 절대 잊어서는 안 된다. 때문에 이 시기에는 아기가 좋은 것만 보고 듣도록 신중하게 환경을 조성하는 것이 중요하다.

　　이제 이 시기 아이가 배워야 할 것들을 정리해 보자. 이 시기는 먹기, 씻기, 옷 입기, 놀기, 장난감 치우기, 포크질, 공 던지기, 공 받기, 쌓기, 접기, 책 넘기기, 장난감통 열고 닫기 등 다양한 행동들을 배우는 시기이다. 이런 주제의 책으로 쉽게 배우도록 도와주면 아기는 자연스럽게 행동을 배우고 익히게 된다.

사회 친화적 행동과
일상 행동을 배우는 그림책

밥이 최고야
김난지(글), 최나미(그림), 천개의바람

단 음식을 접하기 시작하면 아이는 밥투정을 시작한다. 이 그림책은 밥에 대한 사실적 정보를 바탕으로 즐거운 상상을 자극한다. 아기가 밥을 맛있게 먹기를 바란다면 꼭 읽어 주자. 쌀, 보리, 콩, 팥, 수수 등 여러 곡식들이 모두 목욕탕에 모여 목욕을 하며 즐겁게 씻고 물장난 치는 장면은 사실은 밥이 지어지는 과정이다. 고슬고슬 윤기 나는 밥이 완성되는 모습은 군침이 돌게 한다. 이 그림책을 통해 아기는 밥맛을 음미하며 더 맛있게 먹을 수 있게 될 것이다.

충치 도깨비 달달이와 콤콤이
안나 러셀만(글·그림), 현암사

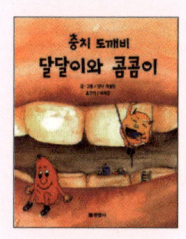

아이가 양치질 습관을 들이는 것은 무척 힘든 일이다. 부모가 아무리 보여 주어도 시늉만 할 뿐 쉽게 익숙해지지 않는다. 그럴 때 이 그림책을 보여주자. 아주아주 작은 충치도깨비 달달이와 콤콤이가 주인공의 입속에 들어오는 맛있는 음식들을 보관하기 위한 창고를 만드는 이야기가 펼쳐진다. 아이의 젖니 하나하나가 그들의 창고가 되고, 당근이 들어오자 배탈이 나는 장면, 건강한 젖니 마을을 지키기 위한 경찰관이 출동하는 장면 등은 아이들의 흥미를 불러일으킨다. 일상의 양치질을 재미있는 모험으로 바꿔 주는 이 그림책을 통해 아이들은 자연스럽게 양치질의 중요성을 깨닫게 될 것이다.

알쏭달쏭 정리 정돈

타나카 타츠야(글·그림), 비룡소

아이가 앞으로 배워 가야 할 중요한 생활 습관을 유쾌하게 다룬 그림책이다. 어질러진 장난감을 정리하는 것도 배워야겠지만 그보다 먼저 통통 튀는 상상력으로 즐겁게 놀이하는 과정에 초점을 맞췄다. 뒤집힌 신발과 모래가 환상적인 해수욕장으로 변신하고, 뒤죽박죽 섞인 장난감들은 신나는 놀이공원으로 탈바꿈한다. 완벽하지 않은 정리정돈의 과정을 즐기면 예상치 못한 재미와 창의력을 발견하게 된다는 작가의 메시지처럼, 정리정돈을 의무가 아닌 또 다른 놀이로 바라볼 수 있게 해 주는 창의적인 그림책이다.

동물 마을 손 씻기 대회

황즈잉(글·그림), 에듀앤테크

동물 마을에서 손 씻기 대회가 열린다. 손 씻기를 정말 좋아하는 라쿤은 더러운 물 깨끗한 물 가리지 않고 계속 씻는다. 눈이 나쁜 판다는 자기 손이 아니라 다른 동물의 손을 씻는다. 과연 어떻게 씻는 것이 가장 올바른 방법일까? 한창 손 씻기 싫어하는 아이에게 좋은 모델이 될 수 있는 그림책으로, 이 책을 읽고 나서 아이가 "난 깨끗이 잘 씻어!"라며 손 씻으러 달려갈 수도 있다.

쏙쏙 착착 옷 입기 기차

기도 나오코(글·그림), 웅진주니어

아기가 좋아하는 기차와 옷 입기 이야기다. 기차를 타고 옷 입기 여행을 떠난다. 바지역에서는 마음에 드는 바지를 고르고 차례로 윗옷역, 양말역에서 간다. 특히 엉터리역에는 기상천외한 옷들이 있다. 옷에 대한 인식과 옷 입기 행동을 배우는 재미있는 책으로, 옷을 스스로 입고 벗는 자조 행동을 키우는 데 효과적이다.

만지고 느끼는 조작 그림책으로 언어와 사회성 키우기

조작 그림책으로 자라는 호기심

아기의 그림책 읽기가 시작된 지도 어느덧 12개월이 되어 간다. 이제 아기는 책이 주는 즐거움을 본능적으로 인식하고 있다. 네모난 책을 펼치면 흥미로운 그림이 등장하고, 한 장씩 넘길 때마다 새로운 장면이 이어지는 경험이 쌓이면서 책에 대한 기대감이 커진 것이다. 더욱이 엄마와 아빠가 다정한 목소리로 읽으며 포근하게 안아주고 도닥여 주니, 책은 기분 좋고 즐거운 감정을 불러일으키는 존재로 자리 잡는다. 이런 경험을 반복하며 12개월 즈음이 되면 아기는 자신이 좋아하는 책을 손에 들고 아장아장 걸어와 부모에게 읽어달라고 요청하는 모습을 보이게 된다.

　　이 시기에는 사물 그림책이든 이야기책이든 상관없이 아기의 관심을 끄는 책을 선택하면 된다. 하지만 이제는 한 단계 더 나아가, 다양한 형태와 기능을 가진 책을 활용해 아기의 호기심을 더욱 자극할 필요가 있다. 그래야 책에 대한 긍정적인 이미지를 확장하고 발전시킬 수 있다. 플랩북이나 촉감책처럼 다양한 질감과 조작 기능이 있는 책을 보여 주는 것도 좋은 방법이다. 책장을 넘길 때마다 새로운 방식으로 구성된 책을 만나게 되면 아기는 신기한 놀라움을 경험하며 책 속 세상에 더욱 빠져들게 된다. 이제 단순히 책을 물고 빠는 수준에서 벗어나, 손을 활용해 직접 조작하며 감각을 발달시키고 인지적 호기심을 키워 가는 것이다.

　　다음처럼 플랩북을 읽어 준다고 가정해 보자.

"그림 위에 뚜껑이 있네. 위로 올려 볼까? 닫을 땐 다시 아래로 넘겨 봐. 이건 오른쪽으로 넘겨야 해. 양쪽 문을 다 열어 보자. 날개를 펼친 것 같아."

　　부모가 크게 의도하지 않아도 다양한 말을 사용하여 말을 걸게 된다. 그런데 별 의식 없이 읽어 주다 보면 위로 넘기든, 아래로 넘기든, 왼쪽이든 오른쪽이든 상관없이 "이쪽으로, 저쪽으로."라고 말하는 경우도 있다. 그런 실수만 하지 않는다면 우리 아이는 훨씬 더 새롭고 풍요한 언어환경을 경험하게 된다는 사실을 기억하자. 이런 과정에서 지금까지 보지 못한 새로움에 놀라 두 눈을 크게 뜨고 눈동자를 반짝이며 집중하는 모습을 보게 될 것이다.

아기라고 해서 '맘마', '쭈쭈', '까까' 같은 아기 말만 주로 사용하면 아기의 언어발달이 더뎌진다는 사실을 잘 알고 있을 것이다. 또한 아기는 어떤 어휘도 받아들일 수 있다. 세 살만 되어도 공룡을 좋아하는 아이들은 티라노사우르스, 트리케라톱스, 스테고사우르스 같은 이름을 강아지 멍멍 하는 수준으로 쉽게 외우고 말한다. 부모는 신기할 따름이다. 그런데 이런 신기함을 느끼는 것이 아기의 언어에 대한 오해 때문이라는 생각이 든다. 아기는 어떤 말이든 배울 수 있다. 세상에 어떤 어휘가 공룡 이름보다 어려울까? 그러니 표준어를 다양하게 사용하여 말 걸기를 해야 한다는 사실을 꼭 기억하기 바란다.

조작놀이의 발달적 가치와 중요성

조작놀이란 아이가 손과 손가락의 소근육을 사용해서 놀잇감을 맞추기, 분리하기, 재배열하기, 모으기, 비교하기, 패턴 만들기, 끼우기 등의 여러 가지 방법으로 조작하며 노는 활동을 말한다. 촉각 발달에서도 강조했듯이 조작 활동을 통해 구체적 사물을 만지고 새롭게 구성하는 경험은 소근육과 뇌 발달뿐 아니라 사물과 환경에 대한 인지구조의 발달을 촉진한다. 블록놀이, 퍼즐 맞추기 등이 대표적 조작놀이다.

조작 활동의 발달적 가치는 참으로 대단하다. 아이는 조작 활동을 통해 손목과 손가락의 소근육 운동능력이 향상되고, 눈과 손의 협응력이 발달하며, 형태, 크기, 무게, 질감에 대한 개념을 습득한다. 세심한 관찰력과 탐구력도 발달한다. 또한 소통과정을 통해 다양한 어휘 습득과 언어 발달도 이루어진다. 무엇보다 아이가 새로운 조작 기술을 익히게 되면 자신이 여러 가지 방법을 사용할 수 있다는 점에서 큰 기쁨을 느끼고 성공적인 조작 과정에서 성취감과 자신감을 갖게 된다.

미국의 교육심리학자이자 작업치료사인 진 아이레스(A. Jean Ayres)는 감각통합이란 "자신의 신체와 환경으로부터 감각을 조직하여 환경 내에서 신체를 효과적으로 사용할 수 있도록 하는 신경학적 과정"이라고 정의했다. 그는 감각통합 발달을 원활하게 하기 위해서 어린 시기부터 손을 충분히 사용하여 힘을 기르는 것이 매우 중요하다고 강조한다. 손 조작 활동은 단순히 소근육을 움직이는 것이 아니라 전신 활동이며, 손뿐만 아니라 손목, 어깨, 몸통과 같은 대근육까지 활용해야 하기 때문이다. 따라서 영아기부터 장난감이나 생활 도구를 반복적으로 만지고 조작하는 것이 중요하다. 이러한 경험이 뉴런을 활성화시키고 시냅스의 연결을 촉진하여 뇌 발달로 이어진다.

돌이 막 지난 아기의 조작 능력은 아직 미숙하다. 구멍에 손가락을 끼워 일정한 방향으로 밀거나, 좌우로 움직이는 것조차 쉽지 않다. 따라서 부모가 먼저 여러 차례 시범을 보이고 아기 손을 직접 잡아 조작하는 방법을 익히도록 도와주는 과정이 필요하다. 하지만 여기서 중요한 점은 부모가 도와주는 것 자체가 아니라, 아이가 스스로 조작하고 성공하는 경험을 하는 것이다. 처음에는 서툴고 시간이 걸리지만 몇 차례 경험이 쌓이면 아기는 기억하기 시작한다.

예를 들어, 어제 조작하며 놀았던 책을 다시 펼치면 이번 장에서는 위로 넘겨야 하고, 다음 장에서는 오른쪽으로 움직여야 한다는 것을 기억하고 그대로 따라 한다. 그림책의 상자 뚜껑을 열면 그 속에 무엇이 숨어 있는지도 미리 예상할 수 있다. 이러한 과정은 아이의 인지 발달을 눈으로 확인하는 시간으로, 부모에게는 마치 마법처럼 신기하고 특별한 경험이 될 것이다.

책을 찢어도 괜찮아! 조작 그림책 활용법

이제 일상의 조작활동을 그림책으로 연결해 보자. 조작 그림책은 이야기 속에서 벌어지는 다양한 상황을 통해 아이가 조작 능력을 발휘하며 사회적 규칙을 배우도록 돕고, 상상력을 자극하여 다양한 역할놀이의 세상으로 아이를 이끌어 준다.

단, 아이는 아직 조작의 규칙을 알지 못하므로 아무렇게나 조작하다 잘 찢어질 수 있다. 혹시 찢더라도 혼내지 말고 평정심을 잘 유지하며 이렇게 말해 주자.

"아, 이렇게 하니 찢어졌네. 엄마처럼 천천히 위로 조심조심 넘겨 보자. 짠! 토끼가 숨어 있었네."

물론 한두 번 말한다고 쉽게 잘하지는 못한다. 수십 번을 실수할 수 있다는 사실을 기억하자. 그래야 부모의 인내심이 더 잘 발휘될 수 있다. 처음엔 방법을 보여 주고, 엄마, 아빠가 같이 조작해 주고, 아이가 혼자 성공하는 과정으로 진행하는 것이 좋다. 그리고 찢어진 부분은 아기가 보는 앞에서 풀과 테이프로 붙여 다시 사용할 수 있도록 해야 한다. 찢어진 책을 아기가 보는 앞에서 수리하는 과정도 하나의 배움의 기회이기 때문이다.

만지고 느끼는 조작 그림책

미니노와 달님

메리셀 마르티(글), 사비에르 살로모(그림), 생각하는책상

작은 구멍에 손가락을 걸어 밀고 당기면 아이는 곧바로 미니노가 되어 이야기 세계로 빠져든다. 사다리를 타고 달님에게 올라가 폴짝폴짝 뛰어다니고 별님 우주선을 타고 슈웅 날아가는 모험이 흥미진진다. 또한 아이의 손 조작에 따라 달라지는 이야기 전개는 즐거움을 선사하며 마법 같은 몰입감을 준다. 달님에게 놀러 가 한바탕 뛰어노는 상상의 세계를 만끽할 수 있는 그림책으로 아이의 호기심과 상상력을 자극한다.

사자 똥은 어떤 모양일까?

윤성희(그림), 블루래빗

책 위로 동물 얼굴들이 빼꼼히 나를 바라본다. 마치 나를 보러 오라고 말하는 것 같다. 아이가 만나고 싶은 동물부터 열어 보자. 사자, 공작, 원숭이의 똥은 어떤 모양일까? 페이지마다 플랩을 열어 동물의 똥과 먹이에 대해 배울 수 있고 끙끙 응가하는 모습이 사랑스러워 배변 그림책으로 활용하기에도 좋다.

빗자루 타고 붕붕붕

줄리아 도널드슨(글), 악셀 셰플러(그림), 비룡소

마녀의 빗자루가 등장하는 순간 아이들의 상상력은 활짝 피어난다. 바람에 날아간 마녀의 고깔모자를 개가 찾아 주고, 차례로 여러 동물들이 마녀의 물건들을 하나씩 찾아 주는 따뜻한 이야기가 펼쳐진다. 마녀는 동물들을 빗자루에 태우고 신나게 하늘을 날아가는데, 갑자기 나타난 정체불명의 누군가가 마녀를 공격하면서 이야기는 긴장감 있게 전개된다. 손 조작을 하며 아이들은 마법의 세계에 더욱 몰입할 수 있고 서로 도움을 주고받는 따뜻한 메시지도 전달된다.

데굴데굴 숫자 놀이

히라기 미츠에(글·그림), 비룡소

"하나, 둘, 셋" 아이가 수 세기에 관심을 보인다면 이 책과 함께 손 놀이로 숫자와 친해질 시간이다. 책 속 구멍에 손가락을 넣어 숫자 모양을 따라 움직이며 자연스럽게 수 감각을 키울 수 있다. 즐겁게 읽고 조작하는 과정에서 아이들은 수 모양에 친숙해진다. "하나, 둘, 셋! 셋은 3을 그려 보자."와 같이 수와 친해지도록 도와주자. 단, 책으로 몇 번 놀았다고 바로 수 인지를 바라거나 아이의 기억을 테스트하지 않기 바란다. 그저 즐겁게 놀기만 해도 수 감각이 자연스럽게 발달한다는 점을 기억하며 부담 없이 숫자와 친해지는 시간을 가져 보자.

매일매일 안아 줄게: 아기펭귄

헬미 페르바컬(글), 탄야 라우버르스(그림), 웅진주니어

엄마, 아빠가 아이와 함께 즐길 수 있는 특별한 손가락 놀이책이다. 그림책 속 펭귄의 두 팔에 손가락을 끼워 움직이며 아이의 뺨과 손을 안아 주는 놀이를 통해 아이와 즐거움을 나눌 수 있다. 아이 스스로 손가락을 끼워 놀 수도 있다. 두 팔 벌려 매일매일 꼭 안아 주는 부모의 변함없는 사랑을 확인할 수 있는 그림책이다.

실천 포인트 **언어 발달을 도와 주는 그림책을 읽어 주세요**

사실 모든 그림책이 아이의 언어 발달을 도와준다. 부모가 즐겁게 상호작용하면서 그림책을 읽어 준다면 어떤 그림책이라도 아이의 언어와 인지 발달에 도움이 된다. 그 중에서도 특히 아래와 같은 특징을 가진 그림책을 골라 읽어 준다면 아이의 언어발달에 더 큰 도움이 될 것이다.

① 그림이 크고 선명하고 모양과 색감이 풍부해 호기심을 자극하고 더 많은 상호작용이 가능한 그림책

② 시각 운동 협응력이 발달하기 시작하는 시기에 알맞는 다양한 방식으로 조작 가능한 책

③ 사물인지 능력을 키워 주는 카드 형식의 사물 그림책

④ 이야기가 있으며 의성어, 의태어로 언어적 즐거움을 주는 책

⑤ 옛이야기 책

⑥ 엄마, 아빠가 읽어 주는 이야기를 녹음해서 들려 주기

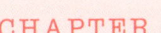

CHAPTER 5

18~24개월 | 나는 내가 좋아요

자존감을 키워 주는
그림책

'나'를 인식하는 특별한 시기, 그림책과 함께해요

내 모습이 보이네? 아기의 첫 자아 인식

우리 아기는 거울 속의 존재가 바로 자신이라는 걸 알까? 모를까?

아기는 거울을 보며 놀기를 좋아한다. 거울 앞에 앉거나 서서 두드리며 소리를 내고 웃기도 한다. 마치 거울 속 존재에게 말을 걸며 노는 것 같다. 그런데 궁금하다. 아기는 거울 속의 존재가 자신인지 알고 웃는 걸까? 아니면 다른 친구라 생각하고 반가워서 웃는 걸까?

어른들은 당연히 아기가 자신을 인식한다고 생각하겠지만, 전혀 그렇지 않다. 아직 자아 개념, 즉, 나라는 개념이 형성되지 않아 거울 속의 존재가 자신임을 알아차리지 못한다. 그렇다면 언제쯤 아기는 거울 속의 존재를 '이게 나구나!'라고 인식할 수 있을까?

이를 알아보는 재미있는 실험이 있다. 바로 미국의 발달심리학자 마이클 루이스(Michael Lewis)와 쟌 브룩스건(Jeanne Brooks-Gunn)의 빨간 립스틱 실험이다. 실험 방법은 간단하다. 먼저, 9~24개월 된 아기들을 거울 앞에서 놀게 한 뒤, 아기들의 코에 빨간 립스틱을 살짝 묻혀 다시 거울을 보게 했다. 이때 아기가 거울을 보고 거울을 만지는지, 아니면 자기 코를 만지는지를 관찰했다. 만약 아기가 거울 속 존재를 다른 사람이라고 생각한다면 아마도 거울을 만질 것이고, 거울을 보면서 자기 얼굴에 뭔가 묻어 있다고 인식한다면 자연스럽게 자기 코를 만질 것이다.

실험 결과를 보면 15개월 이하의 아기들은 거울 속 존재의 코에 립스틱이 묻었다고 생각하며 거울을 만지거나 별다른 반응을 보이지 않았다. 15~17개월 사이의 아기들 중 일부는 자신의 얼굴을 만지는 모습을 보였고, 18개월이 지난 아기들은 대부분 거울을 보면서 자기 코를 만지는 반응을 보였다. 즉, 아기들은 생후 18개월이 지나서야 거울 속 모습이 자기 자신이라는 것을 인식할 수 있으며, 이는 곧 '나'라는 개념이 형성되었음을 의미한다.

이 시기 아이들이 자신을 인식하기 시작한다는 증거는 일상의 다양한 모습에서도 확인할 수 있다. 다른 아기들의 사진보다 자신이 찍힌 사진을 더 오래 바라보거나 좋아하는 모습을 보이기도 하고, 말할 때 자기 이름을 부르거나 '나'라는 대명사를 사용하기 시작한다. 24개월 정도가 되면 소유권을 주장하는 행동도 나타난다. "내 거야!"라고 외치며 자기 물건을 지키려 하고, 다른 사람이 달라고 하면 주지 않거나 물건을 빼앗기면 울기도 한다. 이를 보고 일부 부모들은 아이가 욕심이 많아졌다고 걱정하기도 하지만, 사실 이는 건강한 자아 인식이 발달하고 있다는 증거다.

이때 부모가 이를 미처 모르고 "니 거, 내 거 없어. 우리 모두의 것이야."라며 공용의 개념을 가르치려 하면, 아이는 혼란을 느끼고 짜증을 내거나 떼를 쓰기도 한다. 하지만 소유권을 주장하는 것은 자아 인식이 발달하는 자연스러운 과정이다.

그런데 이와 동시에 아기는 자기 감정을 당황하게 만들거나 화나게 만드는 대상을 통제하려는 행동을 보인다. 짜증을 내고, 떼를 쓰고, 소리를 지르며 감정을 표현하고, 화가 나면 장난감을 던지거나 손으로 표현하기도 한다. 이전까지는 단순히 울거나 웃는 것으로 감정을 표현했다면, 이제는 보다 적극적으로 감정을 조절하고 표현하려고 한다. 이 시기부터 부모가 아이의 감정을 잘 읽어 주어야 한다. 아이가 자신의 감정 인식과 표현 조절의 능력을 키울 수 있도록 도와주어야 하는 중요한 시점이다. 사회적으로 수용되는 감정 표현 규칙을 배울 수 있도록 도와주어야 하는 시기이기도 하다. 이때 중요한 건 가르침의 과정에서 아기가 자신을 어떤 사람으로 인식하도록 할 것인가다.

자아 인식의 결정적 시기에 부모가 해야 할 일

"엄마가 나 때문에 화내요. 엄만 날 싫어해요. 난 없어질 거야."

36개월 된 아이가 한 말이다. 과연 무슨 일이 있었던 걸까? 아이는 활동성이 강하고 호기심이 많은 아기였다. 걸음마를 시작하면서부터 가만히 있지 않았고 어지르고 엉망을 만드는 일이 잦았다. 엄마는 그때마다 타이르고 올바른 행동을 가르쳐 주려 했지만 역부족이었다. 시간이 흐를수록 아이의 문제 행동이 심해졌고 감정이 폭발하거나 떼를 쓰기 시작하면 엄마도 감당하기 어려웠다. 결국 참다못한 엄마도 "말썽쟁

이야. 좀 그만해. 넌 도대체 왜 그러니. 왜 이렇게 엄마를 괴롭혀!"라고 소리친 적도 있었다.

아기는 엄마의 짜증 섞인 표정과 말투에서 자신이 큰 잘못을 했다고 느끼고, 결국 자신은 엄마를 화나게 하는 존재이며 엄마가 나를 싫어한다고 받아들였다. 이러한 생각이 계속 쌓이면서 차라리 없는 게 낫겠다는 말까지 하게 된 것이다. 사실 아이가 이런 말을 하는 것은 하루아침에 생긴 일이 아니다. 엄마가 화를 낸 순간이 많지 않았다고 해도 그런 경험이 1년 넘게 누적되면서 아이의 내면에 자리 잡았을 가능성이 크다. 아이가 점점 말을 이해하고 기억할 수 있는 능력이 생기면서 그동안 쌓인 감정이 표현 언어가 발달하는 시기에 맞춰 밖으로 튀어나온 것이다. 아이가 이런 말을 한다는 건 육아의 방향에 문제가 생겼다는 강력한 신호다. 아이는 부모를 거울삼아 자신을 이해하기 시작한다. 부모의 눈에 비치는 자신이 어떤 모습인지 아이는 본능적으로 감지하고 받아들인다. 그래서 부모가 아이를 말썽쟁이라고 여기고 혼내는 일이 많아질수록 아이는 스스로를 문제를 일으키는 존재라고 생각하게 된다. 부모가 아이에게 던지는 말이 곧 아이가 자기 자신을 인식하는 언어가 되는 것이다.

아이가 자신을 인식하기 시작하는 시기에는 더욱더 긍정적인 말이 필요하다. 아이는 점점 더 자기 마음대로 하고 싶고, 다른 사람의 통제를 거부하며 감정을 폭발시키기도 한다. 부모 입장에서 보면 당황스러운 순간이 많아질 수밖에 없다. 하지만 절대 어른다움을 잃어버려서는 안 된다. "싫어, 아니야!"라고 외치는 것은 아이가 자기 주장을 하는 자연스러운 과정이다. 이 사실을 염두에 두어야 부모도 아이의 행동에 여유롭게 대처할 수 있다. 그래야 아이도 자신을 문제투성이가 아니라 좋은 점이 많고 무엇이든 해낼 수 있는 능력 있는 사람으로 인식할 수 있다. 그리고 이러한 나라는 존재에 대한 긍정적인 인식은 아이의 심리적 성장의 뿌리가 된다.

그런데 부모는 아이가 자신을 긍정적으로 인식할 수 있도록 도와주고 싶지만, 어떤 말을 해 주어야 할지 막막할 때가 많다. 아이를 사랑하지만 순간적으로 짜증이 나거나 감정적으로 반응할 때가 있고, 긍정적인 말을 해 주고 싶어도 어휘와 표현의 한계를 느낄 때가 있다. 이럴 때 가장 유용한 것이 바로 그림책이다. 그림책에는 아이에게 꼭 들려주고 싶은 아름답고 깊이 있는 말들이 가득 담겨 있다. 부모가 직접 표현하기 어려운 말들도 그림책을 통해 자연스럽게 전달할 수 있다.

우리 아이가 '나'라는 존재를 긍정적으로 인식할 수 있게 그림책을 효과적으로 활용해 보자. 우리 아이가 아주 멋진 나를 발견하는 신나고 신기한 경험을 할 수 있도록 부모가 먼저 아이에게 따뜻한 언어의 세계를 열어 주기를 바란다.

자아 형성의 시기에
읽기 좋은 그림책

내가 할 거야

장선환(글·그림), 딸기책방

"아니 아니", "내가 내가" 이 시기의 아이가 가장 많이 하는 말이다. 바로 그 말을 하는 모습을 그림책에 고스란히 담았다. 신발 신기도, 엘리베이터 버튼 누르기도, 무엇이든 자기 손으로 자기 마음대로 하고 싶은 모습을 사랑스럽게 보여 준다. 하지만 아이의 시도는 대부분 실수와 실패로 끝난다. 실수의 과정이 곧 성숙의 과정임을 명쾌하게 보여 주는 책이다.

나는 내가 좋아요

윤여림(글), 배현주(그림), 웅진주니어

자신을 긍정적으로 바라보는 힘을 길러 주는 그림책. "나는 내가 좋아!"라는 단순하지만 강한 메시지를 통해 자아 개념을 형성하고, 자존감과 자신감의 뿌리를 키울 수 있도록 돕는다.
한쪽 눈을 찡긋하며 웃고, 밥 한 그릇을 뚝딱 비우고, 혼자서 옷을 입는 등 일상 속 작은 행동들을 짚어 가며 자연스럽게 자기 자신을 사랑하는 과정을 경험하게 한다.
책을 읽으며 아이와 함께 큰 소리로 따라 말해 보자. 반복적인 긍정 표현을 통해 아이가 저절로 자신을 인정하고 사랑하는 태도를 배울 수 있을 것이다.

나는요,

김희경(글·그림), 여유당

"나는 누구일까요?"라는 질문으로 시작한다. 겁이 많고 작은 일에도 깜짝깜짝 잘 놀라면 나는 문제일까? 처음 도전하는 순간에 항상 온몸이 떨리면 나는 겁쟁이일까? 각 동물들이 자신의 특성을 고백하듯 말하는 모습에서 아기가 자신의 모습을 발견하고 스스로 소중히 여기도록 도와준다. 또한 누구나 다양한 모습이 있고 모두가 어울려 아름다운 우리가 된다는 사실도 깨닫게 도와준다.

넌 어떻게 춤을 추니?

티라 헤더(글·그림), 책과콩나무

아이들은 원래 춤추기를 좋아한다. 그래서 신나는 음악이 들리면 엉덩이를 씰룩이며 온몸을 흔들어 보는 사람도 행복하게 만든다. 신기하게도 나이가 많건 적건 인종이나 직업이 다른 다양한 사람들이 모두 제각각 각자의 느낌대로 좋아하는 춤을 춘다. 하지만 여기 춤추기를 싫어하는 아이가 있다. 과연 아이는 자기만의 춤을 찾을 수 있을까? 건강한 정체성의 뿌리를 키워 주는 책이다.

난 그냥 나야

김규정(글·그림), 바람의아이들

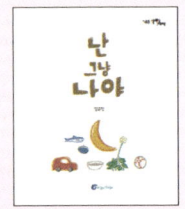

책을 보기 전에 앞 면지와 뒷 면지를 먼저 살펴보자. 물음표와 느낌표다. 과연 어떤 질문을 던지고 어떤 깨달음을 얻게 될까? 조약돌은 바위가 되려 하지 않고, 초승달은 보름달이 되기 위해 있는 건 아니라 말한다. 작은 꽃은 큰 나무가 되기 위해 있는 게 아니다. 난 그냥 나, 바로 지금의 나 그 자체로 소중하고 가치 있는 존재임을 담담한 글과 그림으로 강력하게 말해 준다. 철학적 개념을 단순한 그림책으로 묘사하는 탁월함도 돋보인다.

자존감과 자율성이
쑥쑥 자라는 그림책 육아

18개월, 자율성 대 수치심의 단계

만 1.5~3세는 아이가 자율성을 키워 가는 시기다. 이때 아이는 스스로 해 보고 싶어 하는 마음이 강해지면서 부모의 도움 없이 자기 방식대로 무언가를 해내고 싶어 한다. 하지만 그 과정이 순탄치만은 않다. 아이가 말을 하기 시작하면서 부모는 아이의 예쁜 목소리에 감탄할 새도 없이, "아냐! 아냐!"와 "싫어! 싫어!"라는 말을 하루에도 몇 번씩 듣게 된다. 말이 빠른 아이는 "내가 할 거야! 내 거야! 혼자 할 거야!"라며 더욱 강하게 자신의 의사를 주장한다. 이전까지는 잠을 제대로 못 자거나 하루 종일 아이를 돌보는 것이 힘들었다면, 이제는 아이와 실랑이를 벌이고 힘겨루기를 하게 된 것이다.

자율(自律)은 '스스로 자(自)'와 '법칙 률(律)'로 이루어진 한자어로, 스스로 법칙을 만들고 이를 지킨다는 의미를 가진다. 그러니 아이가 부모가 정해 놓은 법칙에 "아니야! 싫어!"라고 외치는 것은 자율성을 키우는 첫걸음이며, 스스로 세상을 살아갈 수 있는 힘을 기르는 과정이다. 하지만 이런 발달적 의미를 모르는 부모는 아이의 행동을 문제로 여기기 쉽고, 결국 아이를 꾸짖거나 잔소리하는 육아 패턴에 빠지게 된다.

아이의 행동을 어떻게 바라보느냐에 따라 육아의 방향이 달라진다. 아이의 반항적인 태도는 문제가 아니라 정상적인 발달 과정이며, 오히려 이런 행동이 나타나지 않는 것이 발달의 적신호일 수 있다. 아이의 행동을 문제로 여기기보다는 성장의 증거로 바라보면 아이의 반항적인 태도가 밉기보다는 기특하고 예쁘게 보이고 힘겨운 마음도 한결 가벼워진다. '그럴 때가 되었구나. 싫다고 하는 게 정상이지. 어이구, 잘한다!'라고 생각하며 이 시기를 맞이하면, 아이는 충분히 자율성을 기를 기회를 누릴 수 있고 부모도 보다 여유로운 태도로 육아를 이어갈 수 있다.

발달심리학에서는 18개월이 된 아이에게 자율성을 키워 주는 육아가 얼마나 중요한지 강조한다. 이 시기의 육아 방식이 아이의 긍정적인 자아 인식의 뿌리가 되기 때문이다. 아이가 스스로 많은 것을 시도해 볼 수 있게 기회를 주자. 그래야 '나는 잘할 수 있는 사람, 실수해도 끝까지 해내는 사람'이라는 건강한 자아상이 자리 잡기 시작한다.

혼자 밥을 먹겠다며 주변을 엉망진창으로 만들어도 "잘한다, 잘한다." 하며 응원해 주어야 하는 이유가 바로 여기에 있다. 반대로 지저분하게 먹는다고 아이를 통제하고 깔끔하게 먹여 주기만 한다면 어떻게 될까? 아이는 '난 못하나 봐. 하면 안 되나 봐.'라고 생각하며 자신을 부끄럽고 못난 존재로 여기게 된다. 아이의 수준보다 너무 어려운 과제를 주거나 무리한 요구를 하는 것 역시 자신의 무능함을 깨닫게 해 부끄러움을 심어 줄 수 있다.

이런 방식들은 모두 아이의 심리적 성장을 가로막을 뿐이다. 자율성을 제대로 키우지 못한 아이는 자신을 의심하고 부끄러워하는 깊은 수치심을 가지게 되기 때문이다. 그래서 발달심리학에서는 이 시기를 '자율성 대 수치심의 단계'라고 부른다.

자존감 높은 아이로 키우는 부모의 태도 5단계

우리 아이가 자신을 어떤 사람으로 인식하며 자라면 좋을까? 사람이 스스로를 싫어하고 자신에게 실망하는 것만큼 불행한 일은 없다. 그래서 자신을 사랑하고 소중히 돌볼 줄 아는 사람으로 성장하도록 돕는 일은 무엇보다 중요하다. 그리고 18개월이라는 시기가 바로 나를 아끼고 존중하는 자존감의 뿌리를 내리기 시작하는 결정적인 시기다.

소중한 우리 아이가 긍정적인 자아상을 형성하도록 돕는 일은 생각보다 간단하다. 부모가 아이를 대할 때마다 안정적이고 다정하며 밝은 표정을 짓고, 아이의 좋은 점을 자주 이야기해 주면 된다. 작은 행동 하나하나를 칭찬해 주고, 실수를 하더라도 아이의 마음을 먼저 진정시킨 후 차근차근 가르쳐 주면 된다. 이렇게 하면 아이는 자신이 소중한 존재임을 자연스럽게 받아들이게 된다.

하지만 아이의 행동에 지나치게 개입하거나 통제한다면 아무리 온정적인 태도라 해도 아이는 불편함을 느끼고 자신을 탓하게 된다. 아이는 자율적으로 많은 것을 시도하고 시행착오를 겪으며, 그 과정에서 배우고 성장해야 한다. 그래서 이 시기에는 여유롭고 유연한 육아 태도를 갖는 것이 매우 중요하다.

아이는 끊임없이 무언가를 시도한다. 우선은 이런 아이의 노력을 칭찬해 주어야 한다. 그 다음에 아이가 배워야 할 것을 가르치고, 가르친 것을 해내려 애쓰는 모습을 또 칭찬해 주어야 한다. 새로운 시도를 끝까지 성공할 수 있게 도와주는 이 과정이 바로 우리 아이의 자율성을 건강하게 키우는 길이다. 이렇게 순서대로 아이를 가르치고 칭찬한다면 아이는 잘 해낸 자신의 모습을 보며 긍정적인 자아상을 만들어 가게 된다. 다음 다섯 가지 부모의 태도와 순서를 기억하자.

① 아이의 시도를 수용하기
② 노력을 칭찬하기
③ 다시 가르치기
④ 배운 것을 수행하는 노력을 칭찬하기
⑤ 끝까지 완성하기

도움을 줘야 할까? 지켜봐야 할까?

그런데 현실에서는 어디까지 도와주고, 언제부터 손을 떼고 지켜보아야 하는지 고민하게 되는 경우가 많다. 구소련의 인지심리학자 레프 비고츠키(Lev Vygotsky)는 아동의 인지 발달에서 부모와 교사, 그리고 능숙한 또래의 도움이 매우 중요하다고 강조했다. 그는 아이가 혼자서 문제를 해결할 수는 없지만 어른과 능숙한 친구의 도움을 통해 학습하고 배우며 잠재적 발달이 가능하다고 말한다. 다음에 소개하는 인지 발달에 대한 레프 비고츠키의 두 가지 주요 개념은 실질적으로 아이에게 언제 가르치고 언제 지켜봐야 하는지를 쉽게 이해할 수 있도록 도와준다.

첫째, 근접 발달 영역이다. 그림에서와 같이 3단계로 이해해 보자. 아이가 이미 혼자 할 수 있는 것(학습된 영역)과

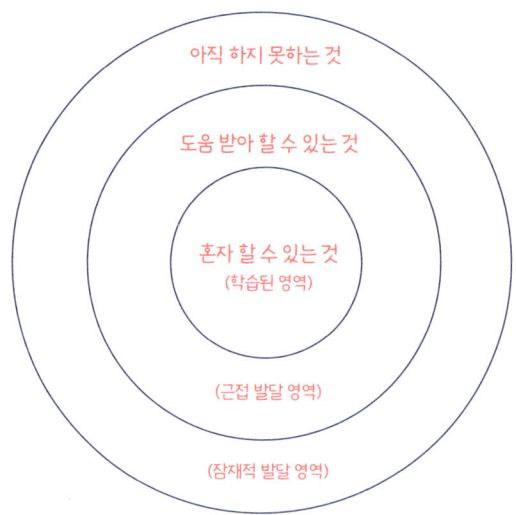

발달영역 3단계

주변 어른과 유능한 또래의 도움과 협력 속에서 해결할 수 있는 것(근접 발달 영역)이 있다. 그리고 아직 못하는 영역(잠재적 발달영역)이 있다. 이렇게 3단계로 살펴보면 아이의 인지행동 발달을 언제 도와주고 언제 손을 떼어야 하는지, 나아가 아직 시도하지 못하지만 잠재적으로 발달해 나갈 것이 무엇인지 명확히 판단할 수 있다.

우리 아이가 스스로 시도하는 많은 것들은 발달 수준에 맞아야 한다. 예를 들어 아직 어린 아이가 자전거를 타겠다고 하면 혼자 타게 하는 것이 아니라 자전거에 앉아 보게 하고 밀어 주면서 자전거 타기의 기초를 배워 가게 하는 것이 적절하다. 이미 잘하는 것을 굳이 더 하게 할 필요도 없다. 아이들은 보통 자신의 근접 발달 영역에 있는 활동에 호기심과 흥미를 보이지만 너무 쉽거나 어려운 것에는 관심을 보이지 않기 때문이다. 이는 학습과 일상생활 모두에 해당된다. 이미 할 수 있는 것을 계속 도와주거나, 혼자서는 할 수 없는 것을 혼자 하라고 하면 문제가 생길 수밖에 없다는 점을 잘 기억하자.

또 한 가지 주의할 점은 또래와의 비교다. 능숙한 또래의 도움을 받는다는 말이 우리 아이가 늘 도움만 받는 존재라는 뜻은 아니다. 어떤 아이는 몸을 쓰는 활동을 먼저 잘하게 되고, 또 어떤 아이는 말하기를 더 빨리 익힌다. 그러니 특정 영역에서 능숙한 또래가 도와준다는 것은 아이들이 상황에 따라 서로를 돕는 협력적 관계를 의미한다. 이는 결국 건강한 사회성의 바탕이 되는 일이다. 중요한 것은 우리 아이가 못하던 것을 약간의 도움으로 해낼 수 있게 되는 그 과정이다. 비고츠키는 이를 인지 발달로 설명했지만 정서나 행동의 발달에서도 비슷한 과정을 거치게 된다.

둘째, '비계설정'이라는 개념도 이해해야 한다. 근접 발달 영역에서 도움을 주어야 한다는 건 알겠는데, 어떤 도움을 얼마나 주어야 할까? 의외로 많은 부모들이 이 경계를 잘 세우지 못해 예상치 못한 어려움을 겪는다. 비계설정이란 처음에는 필요한 만큼 도움을 주다가 아이의 능력이 자라면 그 도움을 차츰 줄여 가는 것이다. 결국에는 아이가 혼자서도 해낼 수 있게 되는데, 바로 이 과정에서 아이는 성취감과 자신감을 얻고 독립심과 자율성을 키워가게 된다.

비계설정은 말 그대로 디딤돌 역할이다. 예를 들어 계단을 혼자 오르지 못해 손을 잡아 주어야 했던 아이가 다리에 힘도 생기고 균형감각도 좋아지게 되면 살짝만 도와줘도 된다. 그러다가 잘하게 되면 완전히 손을 떼는 것이다. 비고츠키는 이런 발달을 위해 가장 필요한 것이 바로 상호작용을 통한 언어 발달이라고 강조했다. 언어가 잘 발달하지 않으면 소통에 문제가 생기고, 그러면 정서 발달과 인지 발달에도 자연히 어려움이 따르기 때문이다.

하지만 일상생활에서 아이가 자율적으로 할 수 있는 활동은 생각보다 제한적이다. 그래서 그림책을 통해 다양한 간접경험을 하고, 책 속 이야기를 역할극처럼 따라해 보는 활동이 아이의 자율성을 키우는 데 큰 도움이 된다. 풍부한 상황과 이야기 속에서 우리 아이의 자율성을 키워 주자. 책을 읽고 놀면서 상호작용을 하다 보면 우리 아이는 자율성을 바탕으로 진정한 나다운 사람으로 성장해 갈 수 있을 것이다.

자율성과 자존감을
키워 주는 그림책

난 할 수 있어!

로리 라이트(글), 안나 산토스(그림), 갈락시아스

친구가 화를 내면 무엇을 할 수 있을까? 어른들이 내 말을 들어 주지 않고, 동생이 자꾸 귀찮게 굴 때는 또 무얼 할 수 있을까? 주인공은 각 상황에서 여러 가지 가능한 방법을 고민한다. 주인공이 자신의 마음을 알고 자신에게 적합한 방법을 찾아가는 과정은 긍정적 자아개념을 형성하는 모델이 된다.

솜털이 보송보송 데이지

매들린 밸런타인(글·그림), 비룡소

솜털이 보송보송한 데이지는 누가 봐도 너무나 사랑스러워 모두들 자기 마음대로 꼬집고 쓰다듬고 뽀뽀를 한다. 아무 데서나 불쑥 껴안으려고 해서 데이지는 깃털이 쭈뼛쭈뼛 곤두설 정도다. 이런 난감한 상황에서 데이지는 화가 나서 어쩔 줄을 모른다. 과연 데이지는 어떻게 해결해 갈 수 있을까? 데이지 스스로 방법을 찾아 가는 모습을 통해 마음을 표현하고 소통하는 것이 얼마나 중요한지 배우게 된다.

김철수빵

조영글(글·그림), 봄볕

"내가 할게. 철수가 할게. 한 번만 해 볼게." 철수가 늘상 쉼 없이 외치는 말이다. 어느 날 엄마는 큰맘 먹고 철수 생일날 함께 빵을 만들기 시작한다. 과연 어떤 장면들이 펼쳐질까? 밀가루 반죽까지 어떤 긴 여정이 기다리고 있을까? 가장 중요한 준비물이 김철수라 외치는 주인공과 녹다운되어 가는 엄마의 모습도 무척 재미있다. 특히 완성된 빵에 김철수빵이라 이름 붙이는 장면은 진정한 성취감이 어떤 것인지 잘 보여 준다.

달을 먹은 아기 고양이

케빈 헹크스(글·그림), 비룡소

캄캄한 하늘을 밝히는 둥근 보름달을 보며 아기 고양이는 생각한다. '하늘에 조그만 우유접시가 있네!' 눈을 감고 달을 향해 혀를 내밀어 할짝거려 보지만 우유가 입속으로 들어올 리가 없다. 이제부터 아기 고양이는 자기만의 방법을 찾기 시작한다. 힘껏 뛰어올라 보기도 하고, 키 큰 나무 꼭대기에도 올라가 보기도 한다. 과연 아기 고양이는 우유를 먹을 수 있을까? 자신이 원하는 걸 얻기 위해 여러 방법을 시도하는 모습이 마치 자율성을 획득하려는 아이의 모습 같다.

시작해 봐! 너답게

피터 H. 레이놀즈(글·그림), 웅진주니어

아기가 제일 먼저 깨달아야 할 점은 바로 자신이 많은 것을 가지고 태어났다는 점이다. 이 책은 원하는 걸 얻기 위해 용기를 내어 힘차게 나아가도록 격려해 준다. 여러 가지 능력을 표현한 글을 하나씩 아이에게 읽어 주자. 생각이 깊은, 활기찬, 잘 도와주는, 다정한, 모험적인…. 우리 아이는 어떤 모습을 가지고 있을까? 날마다 새로운 하루를 준비하는 아이에게 자신답게 살라고 말해 주는 이 책은 자신에 대한 긍정적이고 힘 있는 말을 가르쳐 준다.

분리불안을 극복하는
그림책 치유법

분리불안이 심해지는 이유와 부모의 영향

"8개월쯤 되면 잠깐씩 혼자 놀기도 한다는데 우리 아이는 잠시도 엄마와 떨어지지 않아요. 식사준비도 못 할 정도예요."

"아이가 24개월인데 엄마가 화장실도 혼자 못가요. 문을 열어 놓아야 해요."

이런 고민을 하는 부모들이 많다. 분리불안이 생기면 아이는 엄마와 떨어지는 것을 극도로 힘들어하고, 엄마가 보이지 않으면 울고, 찾고, 소리 내어 엄마를 부르며 불안해한다. 불안이 심한 경우 배가 아프거나 토하는 신체화 증상을 보이기도 한다. 이는 주양육자이자 애착대상인 엄마를 잃을까 봐 두려워하는 마음이 만들어 낸 신체 반응이다. 아이는 자신이 너무 불안한 나머지 이런 행동과 증상을 통해 엄마가 떠나지 못하도록 붙잡으려 한다. 만약 아이가 이런 모습을 보이는 경우 부모가 혼내거나 강제로 분리하려 하면 아이는 더욱 공포감에 빠지고 불안은 더욱 심해진다. 게다가 아직 어린 아기가 분리불안을 심하게 경험하면 발달에도 부정적인 영향을 미칠 수 있다.

분리불안이 있는 아이는 또래보다 언어 발달이 느리고, 감정 표현이 부족하며, 심리적으로 위축될 가능성이 크다. 스스로에 대한 자아 인식이 부정적으로 형성될 확률도 높다. 이러한 경험이 누적되면 훗날 대인관계에서도 어려움을 겪을 가능성이 커지므로 아이가 엄마와 떨어질 때 불안을 자주 보인다면 분리불안에 대해 제대로 이해하고 적절한 방법으로 아이를 도와주어 이 불안에서 벗어나게 해 주어야 한다.

분리불안은 일반적으로 생후 6~8개월 사이에 처음 나타나며, 12개월 전후로 가장 심해진다. 이 시기의 아이들은 엄마에게 껌딱지처럼 붙어 있으려 하다가 점차 독립적으로 행동하기 시작하고, 24개월 정도가 되면 분리불안이 자연스럽게 사라지는 것이 정상적인 발달 과정이다. 하지만 18개월이 지나도록 혼자 놀이를 전혀 하지 못하고, 잠시라도 엄마와 떨어지는 것을 두려워한다면 아이의 심리적 불안이 분리불안 증상으로 나타나는 것으로 이해할 필요가 있다.

아이의 분리불안이 심해지는 원인은 다양하지만, 그중에서도 가장 중요한 두 가지를 살펴보자. 첫 번째는 안정 애착 형성에 문제가 있는 경우다. 아이가 불편함을 느낄 때마다 적절한 도움을 받지 못하면 주양육자와 긍정적인 애착 관계를 맺지 못하고 심리적 안정감을 유지하기 어려워진다. 이렇게 되면 아이는 엄마에게 더욱 집착하게 되고 엄마와 떨어지면 극도의 공포를 느끼게 된다.

불안정 애착이 형성되는 원인은 대부분 부모의 양육 태도에서 비롯된다. 부모가 아이에게 일관된 반응을 보이지 않거나 아이가 필요로 할 때 충분한 정서적 교감을 해주지 못한 경우, 아이는 세상을 안전한 곳으로 인식하지 못하고 불안감을 키워 나간다. 다만, 부모가 일반적인 양육태도를 보였음에도 아이에게서 이런 증상이 나타난다면 아마도 아이의 기질에 맞지 않았기 때문인 경우가 가장 많다.

두 번째는 부모의 과보호적인 양육이다. 아이에 대한 걱정과 불안으로 과도하게 아이를 통제하고 간섭하여 자율성을 오히려 방해한 경우다. 엄청나게 정성스럽게 아이를 돌보기에 안정 애착이 잘 형성될 것 같지만 결과는 정반대다. 결국 엄마에 대한 의존성을 부적절하게 강화시켜 버려 스스로 탐색하고 시도하면서 자율성의 기초를 만들어 가야 할 시기에 엄마가 없으면 아무것도 못하는 아이로 길들여지게 된다. 그래서 엄마에게 더 의존적이며 부모의 사랑을 끊임없이 확인해야 하고 떨어지면 불안을 심하게 느끼는 경향을 보이게 된다.

부모가 과보호적으로 행동하는 이유 중 가장 큰 원인은 바로 부모 자신의 분리불안이다. 특히 엄마가 자신의 성장 과정에서 형성된 불안을 그대로 아이에게 투영하는 경우가 많다. 이런 부모는 아이가 자신과 떨어지는 것을 두려워하며 "나만큼 우리 아이를 잘 돌볼 사람은 없다."라고 생각한다. 또한 우리 아이는 나 아닌 다른 사람이 돌봐주면 불편할 것이고 나와 함께 있는 것만 좋아한다고 오해한다.

이러한 엄마는 아이와 떨어져 있으면 매우 허전하고 쓸쓸함을 느낀다. 또한 아이가 엄마가 없는 상황을 무서워하며 울면서 엄마를 계속 찾을 거라는 생각에 압도되기도 한다. 이렇게 엄마가 아이와 떨어지는 것을 어려워할수록 아이는 엄마가 떠날 때 더 큰 불안을 느끼는 악순환이 반복된다.

불안한 마음을 안아 주는 그림책 테라피

아이는 엄마를 안전기지로 삼아 자율적으로 시도하고 도전하며 성장해야 한다. 아이가 주양육자로부터 건강하게 분리되어 독립적인 개성을 가진 한 사람으로 자아개념을 발달시킬 수 있도록 도와주는 것이 부모의 역할이다. 그렇지 않으면 부모와 아이가 서로 집착하는 뒤엉킨 관계가 형성될 위험이 있다.

특히 분리불안 문제를 잘 해소해 주어야 하는 중요한 이유가 있다. 이는 단순히 일상의 편의를 위한 것이 아니라 어린이집이나 유치원에 적응하는 데도 큰 영향을 미치기 때문이다. 애착이 불안정하거나 엄마가 분리불안을 가진 경우 아이는 새로운 환경에 적응하는 데 어려움을 겪는다. 만약 영유아기에 이 문제가 해결되지 않는다면 아이가 성장하면서 더 심각한 어려움을 겪을 수도 있다. 네다섯 살이 되어서도 엄마가 잠시 쓰레기를 버리러 나가는 것조차 참지 못하고, 출근하는 엄마를 붙잡고 한바탕 울음을 쏟아내며, 심지어 초등학생이 되어서도 쉬는 시간마다 엄마에게 전화를 걸어 어디 있는지 확인하는 아이가 될 수 있는 것이다. 이렇게 되면 아이뿐만 아니라 엄마 역시 힘든 상황에 놓이게 된다.

물론 분리불안은 모든 아이가 어느 정도 경험하는 정상적인 과정이다. 하지만 그 정도가 지나쳐 엄마와 떨어지는 것을 극도로 거부하거나 혼자 자는 것을 힘들어하고, 어린이집 등원을 거부하며 엄마가 돌아오지 않을까 봐 불안해하는 등의 과도한 반응을 보인다면 안정적인 애착을 회복하는 과정이 필요하다. 불안을 줄이고 엄마에 대한 신뢰를 회복할 수 있도록 아이에게 적절한 도움을 주어야 한다.

분리불안을 극복하기 위해서는 섬세하고 민감한 치유적 대화가 필요하다. 아이가 보이는 언어적, 비언어적 신호를 잘 알아차리고 아이가 신뢰할 수 있는 방식으로 반응해 주어야 한다. 부모가 아이의 불안한 감정을 충분히 이해하고 받아들이며 긍정적이고 지지적인 태도를 보이면 아이는 점차 안정을 되찾을 수 있다.

이 과정에서 특히 효과적인 방법이 그림책 테라피다. 아이와 함께 그림책을 읽으며 마음을 나누는 대화를 통해 불안을 줄이고 부모에 대한 신뢰를 회복할 수 있도록 도와주자. 그림책을 읽는 것은 아이가 자신의 감정을 표현하고 이해할 수 있도록 돕는 강력한 도구가 된다. 특히 분리불안이 있는 아이일수록 부모와 함께 웃고, 다독이며 책을 읽는 시간이 더욱 중요하다.

분리불안 극복에
도움이 되는 그림책

보이지 않는 끈

패트리스 카르스트(글), 조앤 루 브리토프(그림), 북뱅크

우르릉 쾅쾅 요란한 천둥 소리에 쌍둥이 두 아이는 "엄마, 엄마!"를 외치며 달려간다. 엄마는 그저 비바람 소리일 뿐 괜찮다고 말한다. 하지만 무서운 아이들은 엄마 옆에 딱 붙어 있겠다고 말한다. "걱정 마, 우린 언제나 함께니까." 아이들은 이해되지 않는다. "엄마는 여기 있고 우린 침대에 있는데 어떻게 함께해요?" 엄마는 아이들에게 마음의 끈에 대해 알려 준다. 이 '보이지 않는 끈'의 이야기는 엄마와 떨어지기 힘든 아이에게 큰 도움이 될 것이다.

네가 어디에 있든

아리엘라 프린스 구트맨(글), 즈느비에브 고드부(그림), 북뱅크

기분 좋게 눈 뜨는 아침, "같이 나갈 준비할까? 침대 밖으로 폴짝 뛰어나오렴."이라 말하는 엄마의 모습은 왠지 좋은 일이 생길 것 같은 기대감을 갖게 한다. 낮에 떨어지면 보고 싶겠지만 재미있는 일도 많이 생길 거라는 엄마의 긍정적 예언과 바람에 엄마 뽀뽀를 실어 보낸다는 말이 엄마의 무한한 사랑을 느끼게 해 준다. 주인공은 과연 엄마 없는 낮시간을 즐겁게 지낼 수 있을지, 바람에서 엄마의 뽀뽀를 찾을 수 있을지에 대해 아이와 이야기를 나누어 보자. 담담하고 평화로운 일상 속 서로 사랑하는 모습이 그려진 이 책은 불안한 아이의 마음을 치유해 준다.

엄마 여우와 아기 여우의 숨바꼭질

아망디 모망소(글·그림), 사파리

하얀 눈밭에서 뛰어놀다 어느새 사라져 버린 아기 여우들을 엄마 여우가 걱정스럽게 찾아 나서는 이야기다. 아이들을 찾아 헤매는 엄마 여우의 애타는 마음에서 부모의 깊은 사랑을 느끼고, 한 명씩 아기 여우들을 찾아가는 과정에서 함께 안도감을 경험하게 된다. 엄마의 걱정과는 달리 아기 여우들은 마치 숨바꼭질을 하듯 장난스럽게 한 명씩 나타나 엄마를 놀라게 한다. 이 그림책을 통해 아이들은 엄마의 입장에도, 아이의 입장에도 자연스럽게 공감하며 부모의 사랑이 주는 안정감과 든든함을 느낄 수 있다. 편안하고 따뜻한 안전기지의 소중함과 세상을 탐색하는 자유로움, 이 두 가지 모두를 아름답게 담아낸 그림책이다.

필루와 늑대 아빠 3: 꼭 데리러 올게!

알렉산드라 가리발(글), 마리안 빌코크(그림), 올파소

필루가 어린이집에 가는 날 아빠에게 묻는다. "아빠, 꼭 데리러 올 거죠?" 이 당연한 사실을 아이는 왜 확인하는 걸까? 아빠가 오는데 악당이 나타나 길을 막으면 어떡하나? 악어가 나타나면 어떡하지? 이렇게 걱정 많은 필루에게 아빠는 세상에서 가장 힘세고 든든한 모습을 보여 준다. 늑대 아빠의 말을 따라 외치기만 해도 아이의 마음이 안정감으로 가득하게 될 것이다.

맙소사! 오늘부터?

최현주(글·그림), 봄날의 곰

혼자 자겠다고 당당하게 선언하는 아이에게 엄마는 자신도 모르게 "맙소사! 오늘부터?"를 외친다. 늘 아이를 품에 안고 자다가 처음으로 분리해서 잠자기를 시작하는 순간, 과연 엄마와 아이 중 누가 더 불안할까? 아기를 껴안고 자면서 행복과 감사함을 느끼던 엄마는 갑자기 가슴이 텅 빈 것 같고 밤중에 잠에서 깨 아이가 없어진 줄 알고 깜짝 놀라 잠을 설치기도 한다. 이 그림책은 아이와 엄마 모두가 건강하게 홀로서기를 해나가는 성장의 과정을 따뜻하게 담아냈다. 아이와 함께 즐겁게 읽으며 서로의 심리적 독립을 자연스럽게 도와줄 수 있는 그림책으로 분리불안을 경험하는 부모와 아이 모두에게 안정감을 전한다.

유치원 가지 마, 벤노!

마레 제프(글), 타르실라 크루스(그림), 소원나무

유치원에 처음 가는 날, 벤노는 기대와 설렘으로 멋지게 입고 엄마를 깨운다. 밥도 잘 먹고 외투도 입고 나서려는데 엄마가 벤노를 막아서며 유치원 가지 말고 엄마와 집에서 놀자고 말한다. 이에 벤노가 오히려 엄마를 위로해 준다. 엄마를 따뜻하게 안아주고, 함께 유치원으로 가서 다른 엄마들도 모두 아이들을 유치원에 보낸다며 엄마를 안심시켜 준다. 이 책은 엄마 이야기를 빌어 아이의 불안한 마음을 역설적으로 치유해 준다. 또한 아이는 자신과 떨어지기를 싫어하는 엄마 마음을 확인하며 더 강한 부모의 사랑을 확인하게 된다.

감정과 규칙을
함께 배우는 그림책 훈육법

혹시 오늘 아이에게 욱! 버럭! 했나요?

아이를 무섭게 하는 것은 훈육이 아니라 혼내기이며, 이는 정서적으로는 폭력에 가까울 수도 있고 심할 경우 아동학대로 이어질 수도 있다는 사실을 부모도 알고 있다. 하지만 말썽쟁이 아이를 보면 순간적으로 욱하는 감정이 올라오는 것이 사실이다. 아무리 정상적인 반응이라고 이해하려 해도 아이의 행동은 부모를 힘들게 한다. 아이는 점점 더 자신의 뜻대로 하려 하고, 원하는 것이 이루어지지 않으면 울고 떼를 쓰며, 심할 경우 20~30분을 쉬지 않고 울어댄다. 달래도 소용이 없고 혼내도 듣지 않으며, 결국 아이의 요구를 들어줘야만 상황이 끝나는 경우가 많다.

특히 공공장소에서 떼를 쓰는 경우, 부모는 더욱 난감해진다. 주변의 시선을 의식하다 보면 어쩔 수 없이 아이의 요구를 들어주게 되는 순간이 온다. 하지만 이런 행동이 반복되면 버릇이 나빠지고 나쁜 습관으로 굳어질 위험이 크다. 처음에는 단순한 떼쓰기였지만 조건부 허용이 반복되면서 점점 더 강한 요구로 변해 가는 악순환이 시작된다. 예를 들어, 한 번 장난감을 사달라는 떼를 받아 주면, 다음번에도 같은 방식으로 요구하게 된다. 아이는 이미 한 번 성공한 방식이 효과적이라는 것을 학습했고 이를 반복적으로 활용하게 되는 것이다. 그야말로 떼쟁이 아이에게 휘둘리는 부모가 되어 버리는 순간이다.

이런 일이 몇 번 반복되다 보면 부모의 가장 큰 고민은 '훈육'이 된다. 어떻게 훈육해야 효과적일까? 훈육을 하지 않은 것도 아닌데 왜 효과가 없을까? 하루에도 여러 번 아이를 타이르고 가르쳐 보지만 제대로 된 결과를 얻은 적이 거의 없다. 그렇다고 훈육을 하지 않을 수도 없고, 훈육을 하면 결국 혼내기가 되어 버리니 결과적으로 부모의 마음만 힘들어지는 경우가 많다. 게다가 잘못된 훈육 방식은 오히려 아이의 떼쓰기와 감정 폭발을 더 부추겨 부작용을 초래한다.

그렇다면 훈육은 어떻게 해야 할까? 훈육은 몇 살부터 시작해야 할까? 아이의 마음에 상처를 주지 않으면서도 성장에 도움이 되는 훈육법은 무엇일까? 18~24개월 아이의 훈육에 대한 고민을 짚어 보고 그 해결 방법을 찾아보자. 예를 들어, 다음과 같은 상황이 있을 수 있다.

"20개월 아이와 놀아주는데 갑자기 아이가 아빠를 막 때려요."

"놀던 장난감을 자꾸 던져요. 안 된다고 해도 웃으면서 계속해요."

"애가 자기 마음대로 안 되면 심하게 소리치고 아무거나 던져요."

"아이가 놀다가 '그건 안 돼.'라고 말하면 갑자기 엄마를 깨물어요."

모두가 문제행동이지만, 아이의 입장에서 보면 충동적인 감정을 있는 그대로 표출하는 것이다. 혹은 단순히 이런 행동이 재미있어서 반복하는 것일 수도 있고, 어디선가 본 행동을 따라 하는 것일 수도 있다. 이러한 충동적인 감정 표출 행동을 효과적으로 훈육하지 못하면 떼쓰기가 더 심해질 뿐이다. 그래서 제대로 된 훈육이 필요하다.

행동은 멈추고, 마음은 품어 주는 3단계 훈육법

훈육을 시작하기 전에 먼저 아이의 행동을 이해하는 것이 중요하다. 예를 들어, 아이가 장난감을 던지는 행동을 한다면 그 이유는 크게 두 가지로 나뉜다. 첫째, 던지는 것이 단순히 재미있어서 하는 경우, 둘째, 화가 나서 감정을 표현하는 방식으로 던지는 경우다. 18개월 시기의 아이들은 대부분 첫 번째 이유에 해당한다. 하지만 이를 제대로 이해하지 못하고 무섭게 혼낸다면, 결과적으로 새로운 문제를 야기할 수 있다.

던지는 행동이 재미있는 아이라면 부모는 '던져도 되는 것'과 '던지면 안 되는 것'을 가르치는 훈육을 하면 된다. 공이나 인형을 바구니에 던지는 것은 놀이가 될 수 있지만, 딱딱한 장난감 자동차를 바닥이나 다른 사람에게 던지는 것은 안 된다는 점을 알려주어야 한다. 이처럼 훈육은 단순히 행동을 금지하는 것이 아니라 아이가 무엇을 해도 되는지 명확하게 구분하고 이해할 수 있도록 돕는 과정이어야 한다.

많은 부모는 훈육을 단호하고 엄격하게, 혹은 무섭게 해야 한다고 생각한다. 하지만 훈육의 본래 의미는 '품성이나 도덕 따위를 가르쳐 기름'이다. 품성과 도덕을 가르치는 과정에서 부모가 무섭게 한다면 아이는 가르침보다는 공포를 먼저 느끼게 된다. 그 순간 부모의 말은 머릿속에 입력되지 않고 감정적 스트레스만 남게 된다. 훈육을 했다고 생각하지만 사실 아이에게는 두려운 기억만 남게 되는 것이다. 결국 아이는 행동을 올바르게 수정하기보다 부모의 반응을 피하는 방식으로 반응하게 된다.

훈육은 아이가 배움을 통해 올바른 행동을 익힐 수 있도록 돕는 과정이다. 따라서 훈육을 효과적으로 하기 위해서는 세 가지 단계를 따라야 한다.

> 1단계 | 아이의 문제 행동을 멈추게 한다.
> 2단계 | 공감과 다독임으로 화난 아이의 마음을 진정시킨다.
> 3단계 | "이럴 땐 이렇게 해야 해. 그렇게 하면 안 돼."
> 라는 말로 가르친다.

아이가 문제 행동을 할 때 가장 먼저 해야 할 일은 행동을 멈추게 하는 것이다. 이 과정에서 부모는 흥분하거나 큰소리치지 않도록 주의해야 한다. 평정심을 유지하면서 "멈춰. 안 돼."라고 말하고 물건을 던지는 아이의 몸과 손을 부드럽게 통제하라.

여기서 중요한 것은 부모가 감정적으로 반응하지 않는 것이다. 잡아끌거나 큰소리를 내면 훈육이 아니라 혼내고 겁

주는 것이라는 걸 꼭 기억하자. 아이의 행동을 즉각적으로 막아야 하지만 큰소리로 혼내거나 위협적인 태도를 보이면 안 된다. 행동을 멈추게 하는 것은 아이가 그 행동을 반복하지 않도록 하고 더 심한 감정 폭발로 이어지는 것을 막는 역할을 한다. 만약 부모가 이를 방치하면 아이는 더 강한 방식으로 자신의 요구를 관철하려 할 것이다. 바닥에 드러누워 발버둥을 치거나, 더 큰 소리로 울거나, 손에 잡히는 것을 마구 던지는 식으로 감정을 폭발시키는 행동이 이어질 수 있다. 따라서 아이의 감정이 폭발하기 전에 문제 행동을 멈추게 하는 것이 중요하다.

문제 행동을 멈춘 후에는 아이의 감정을 이해하고 진정시키는 과정이 필요하다. 예를 들어, "마음대로 안 돼서 화가 났구나. 그럴 수도 있어. 마음 조절 잘했어."라고 말하며 아이가 자신의 감정을 인정받고 있다는 느낌을 받을 수 있도록 해야 한다. 이때 부모가 아이의 감정을 과하게 읽어 주거나 막연하게 "괜찮아."라고 말하며 상황을 덮어서는 안 된다. 아이가 느끼는 감정을 자연스럽게 받아들이면서도 진정하는 과정에 더 무게를 둬야 한다. 이 단계는 아이가 이 과정을 인식하기 위한 공감과 다독임의 단계다.

아이가 진정된 후에는, 문제행동을 어떻게 수정해야 하는지를 가르치는 과정이 필요하다. "화가 났을 때 던지면 안 돼. 대신 이렇게 말해 보자. 한 번 더 놀고 싶어요. 지금 한 개 더 먹고 싶어요."와 같은 식으로 아이가 원하는 것을 말로 표현하는 법을 가르쳐야 한다.

물론 아이가 원하는 것을 표현한다고 해서 부모가 그 요구를 무조건 들어줘야 하는 것은 아니다. 예를 들어, "지금 먹고 싶겠지만 더 이상은 안 돼. 내일 아침에 맛있게 먹자."라고 설명하며 아이의 주의를 자연스럽게 전환시켜 주는 것이 효과적이다.

한편 부모가 훈육을 하면서 실수하는 경우도 많다. 대표적인 예가 협박성 말이나 위협적인 표현이다.

"장난감 던지면 갖다 버릴 거야."
"친구에게 줄 거야."

이렇게 아이를 가르치기 위해 겁주고 위협하는 건 옳지 않다. 심지어 어떤 부모들은 아이가 보는 앞에서 장난감을 부수거나 버리는 행동을 하기도 한다. 이는 아이에게 무서움을 심어 줄 뿐만 아니라, 이후 아이가 똑같은 방식으로 동생이나 친구에게 공격적인 행동을 하도록 만들 수 있다. 또한 "경찰 아저씨가 잡아간다.", "도깨비가 온다." 같은 위협적인 방식도 아이의 정서에 부정적인 영향을 미친다. 특히 이런 유형의 아이 훈육 앱과 유튜브는 절대 사용하지 않아야 한다. 잘못된 훈육은 오히려 아이의 정서발달에 큰 부작용을 남긴다는 사실을 기억하자.

좋은 훈육은 문제의 핵심만 다루는 것이다. 예를 들어, 아이가 부모를 때리려 한다면 손을 가볍게 잡고 내리며 "때리면 안 돼. 때리는 건 나쁜 행동이야."라고 분명하게 알려 주는 방식이 효과적이다. 밥을 먹다가 식탁 위에 발을 올리면 발을 부드럽게 내려 주면서 "식탁 위에 발을 올리면 안 돼." 이 말만 두세 번 해 주자. 물론 아이가 한 번에 행동을 바꾸진 않는다. 바로 그 자리에서 발을 올리려는 시도를 몇 번 더 한다. 그때마다 담담한 어조를 유지하며 말해 주어야 한다. 무엇보다 부모가 감정을 폭발시키지 않는 것이 중요하다. "하지 마. 안 돼."라는 말은 꼭 필요한 말이지만 부모가 어떤 정서를 가지고 말하느냐에 따라 아이의 마음에 미치는 영향은 매우 달라진다.

훈육은 단번에 효과가 나타나지 않는다. 아이는 부모의 말을 몇 번 듣고 반복적으로 경험하면서 행동을 내면화하게 된다. 예를 들어, "식탁 위에 발 올리면 안 돼."라는 가르침을 완전히 익히는 데는 짧게는 1주일에서 길게는 한 달까지 걸릴 수 있다.

훈육을 하는 동안에도 아이는 여전히 장난감을 던지고,

아빠를 때리고, 엄마를 깨무는 행동을 반복할 수 있다. 그런데 신기한 것은, 한 가지 행동에서 훈육이 성공하면 다른 행동을 훈육하는 것도 조금씩 더 수월해진다는 점이다. 따라서 부모는 조급해하지 말고 감정을 조절하며 일관된 태도로 훈육을 진행해야 한다.

훈육은 아이의 정서를 잘 돌보면서 천천히, 반복적으로 이루어질 때 가장 효과적이다. 부모가 일관성 있게 훈육을 하며 아이에게 안정감을 주면 아이는 점차 스스로 감정을 조절하고 올바른 행동을 선택할 수 있게 된다.

훈육의 현명한 도구, 그림책

많은 것들이 주로 추상적인 언어로 전달되는 경우가 많다. "친구에게 인사를 해야지.", "쓰레기는 휴지통에 버려.", "순서를 지켜야 해.", "소리 지르면 안 돼. 부드럽게 말해." 이런 말들은 허공에서 맴돌곤 한다. 그래서 훈육에서 가장 유용한 도구 중 하나가 바로 그림책이다.

그림책은 글과 그림을 통해 상황을 시각적으로 명확하게 보여 주며 재미있는 이야기로 자연스럽게 교훈을 전달하기 때문에 아이가 보다 깊이, 그리고 쉽게 받아들일 수 있다.

특히 좋은 훈육용 그림책을 적절하게 활용하면 부모가 열 번, 스무 번 말하는 것보다 훨씬 효과적일 수 있다. 그림이 상황을 생생하게 보여 주고, 이야기를 실감 나게 읽어 주며, 내용을 바탕으로 아이에게 설명해 준다면 아이가 배워야 할 중요한 내용들이 더욱 뇌리에 깊이 자리 잡을 수 있는 것이다.

단, 훈육용 그림책을 고를 때 주의해야 할 점이 있다. 많은 훈육 관련 그림책들이 문제 행동을 고치는 이야기나 화난 감정을 조절하는 방식을 중심으로 전개되는 경우가 많다. 이런 내용들은 대체로 만 3세 이후의 아이들에게 적절하다. 왜냐하면 이 시기의 아이들은 이미 부모에게 올바른 행동을 지속적으로 배운 상태이기 때문에 문제 행동이 반복될 때 그 행동을 조절하고 수정할 수 있는 능력이 있기 때문이다.

하지만 18~24개월 아이들은 아직 모든 것을 처음 배우는 단계에 있다. 이 아이들에게는 잘못된 행동을 고치는 책보다는 올바른 행동을 배우는 그림책이 더 적절하다. 물론 일부 훈육용 그림책에서 문제 행동이 묘사될 수도 있지만, 이때 부모가 아이와 나누는 대화가 중요하다. 훈육 그림책을 활용할 때 아이와 나누어야 할 대화의 원칙 세 가지를 기억하자.

① 그림책에 나오는 주인공이 아이와 비슷한 행동을 하는 장면이 나오면 "주인공이 화가 많이 났네."

라고 이야기하며 이야기 속 상황을 중심으로 대화를 이끌어 가는 것이 좋다. 아이의 모습을 직면하는 그림책은 거부감이 들 수 있다.

② 식탁을 걷어차는 장면이 나왔다면 "이건 나쁜 행동이지. 발도 너무 아프겠다."라는 식의 대화를 해 보자.

③ 좋은 말과 행동이 묘사된 장면에서는 "와. 이 친구는 이렇게 하는구나. 우리 ○○도 잘할 수 있어. 그치?"라는 식으로 긍정적인 대화를 나눈다.

그런데 아무리 올바른 방식으로 훈육을 해도 문제 행동이 더 심해지는 경우가 있다. 이런 경우는 어쩌면 심리적 문제가 있다는 신호, 또는 훈육의 시기를 놓치고 있다는 신호일 수 있으므로 전문적인 도움을 받아 육아의 방향이 바뀔 수 있도록 해야 한다.

훈육
그림책

아니사우르스
노인경(글·그림), 책읽는곰

아니사우르스는 뭐든지 아니라고 말하며 날마다 엉뚱한 일을 벌인다. 열이 나서 푹 쉬어야 낫는다는 엄마의 말에도 "찬바람을 쐬어야 열이 안 나지."라며 마음대로 한다. 엄마는 결국 화가 머리끝까지 치민다. 화산처럼 폭발한 엄마를 피해 집을 나서자, 티라노사우르스에게 잡아먹힐까 두려워하는 친구들이 몰려온다. 아니사우르스는 크게 "아니!"라고 외치고 물리칠 방법을 찾는다. 종일 아니라고 외치는 아이가 문제아가 아니라 특별한 힘을 가진 존재임을 깨닫게 해 수는 반전 이야기가 흥미롭다.

나 진짜 화났어!
폴리 던바(글·그림), 비룡소

높이 올려져 있는 과자통을 보고 의자 위에 올라서는 모습에서 아이의 호기심과 특성이 생생하게 드러난다. 과자 뚜껑이 안 열려 답답한 마음에 떼쓰는 모습과 그런 아이의 마음을 차분히 진정시키는 엄마의 특별한 비법이 따뜻하게 펼쳐진다. 서서히 마음이 진정되어 가는 아이의 표정과 행동 변화는 그림책을 보는 독자에게도 공감과 안정감을 전해 준다. 엄마와 아이가 함께 감정을 인식하고 조절해 나가는 과정을 통해 부모와 아이 모두 위로를 받을 수 있는 그림책이다.

소리 지르는 꼬마 요리사

피터 애커먼(글), 맥스 달튼(그림), 더블북

한 아이가 쉬지 않고 소리를 지른다. 잘 시간이 되어도, 곰인형을 잃어 버렸을 때도, 아이스크림을 바닥에 떨어뜨렸을 때도 마찬가지다. 엄마, 아빠는 무척 골치가 아프다. 아이가 소리 지르지 않게 하려고 온갖 방법을 다 써 보았지만 아무 소용이 없다. 소리 지르지 않는 시간은 음식 먹을 때뿐이다. 이런 아이에게는 어떤 방법의 훈육이 도움이 될까? 아이와 부모 모두에게 기발한 문제해결 아이디어를 제공하는 책이다.

안 돼 삼총사

나카야마 치나쓰(글), 하세가와 요시후미(그림), 천개의바람

아빠에게 꾸중을 들은 '안돼'가 집을 나간다. 맞은편에 사는 '안 된다'는 엄마가 화를 너무 많이 내서 울면서 달려 나왔다. 친구인 '안된당께'는 이 둘을 쫓아갔다. "안 돼.", "안 된다.", "안 된당께."를 너무 많이 들은 삼총사는 함께 여행길에 나섰다. 그런데 만나는 친구들이 싸울 때면 마치 엄마, 아빠처럼 "안 돼.", "안 된다.", "안 된당께."를 노래하며 싸움을 말린다. 그렇게 듣기 싫어하던 말을 노래처럼 부르게 된 삼총사가 세상의 다양한 친구들을 만나 손을 잡는 모습이 감동적이다. 글의 리듬감과 운율에서 느껴지는 말 재미는 덤으로 얻을 수 있다.

제라드의 우주쉼터

제인 넬슨(글), 빌 쇼어(그림), 교실어린이

화가 난 제라드가 문을 쾅 닫고 말하기 싫다며 소리치고 애꿎은 식탁을 발로 찬다. 하지만 곧 발이 너무 아파 눈물을 흘리며 엄마 품에 안겨 펑펑 울고, 예전에 배운 대로 깊은 숨을 두 번 쉬고 나서야 진정이 된다. 엄마는 제라드에게 차분히 설명한다. 슬프고 화가 난다고 해서 식탁을 발로 차면 안 된다는 것과 심호흡하는 방법 말고 또 어떤 방법이 있을지 질문한다. 그리고 화가 났을 때 머무를 수 있는 특별한 공간을 만들어 보라고 제안한다. 제라드가 만든 특별한 공간처럼, 아이와 함께 감정을 다스릴 수 있는 상징적인 뭔가를 만들어 보는 것도 좋겠다.

실천 포인트 **자존감을 키우는
그림책 대화가 필요해요**

① 책을 볼 때마다 "책을 잘 보네. 책을 좋아하는구나."라는 말을 해 주자. 이런 말을 자주 해 주면 아이는 자연스럽게 책을 좋아하는 아이로 자란다.

② 책 속의 바람직한 행동들을 짚어 가며 "우리 ○○랑 똑같네. 멋지다."라고 말해 주자. 멋지다라고 얘기해 줄수록 더 멋진 행동을 많이 하게 된다.

③ 책을 뒤적이면 "여기가 보고 싶구나. 이 부분이 재미가 있구나."라고 말해 주자. 자신이 좋은 선택을 하는 사람이라 생각하게 된다.

④ "너라면 어떻게 하고 싶어?"라고 질문하자. 아이는 맘껏 상상하며 멋진 자신을 만들어 가게 된다.

CHAPTER 6

24~30개월 | 궁금한 게 너무 많아요!

호기심이 자라나는
인지발달 그림책

아이의 호기심을 깨우는
그림책의 힘

아이의 호기심, 건강하게 키워 주세요

새 그림책을 펼쳐 보이면 아이가 활짝 웃으며 달려오는가? 심심해할 때 그림책을 읽어 주면 엄마 곁으로 다가오는가? 칭얼거리며 짜증을 내다가도 그림책을 읽어 주면 점차 진정되면서 이야기에 몰입하는가?

　　　아이가 태어나 지금까지 꾸준히 그림책을 접해 왔다면 그림책에 대한 호기심도 자연스럽게 자라났을 것이다. 표지만 보여 주어도 환하게 웃으며 반기는 모습을 보면 그림책이 아이에게 얼마나 큰 즐거움인지 알 수 있다. 이는 단순한 흥미가 아니다. 그림책을 읽어 줄 때마다 경험한 따뜻함과 즐거움이 아이에게 긍정적인 기억으로 남아 새로운 그림책이 펼쳐질 때마다 어떤 이야기와 그림이 담겨 있을지 궁금해하며 자연스럽게 이끌리는 것이다.

호기심이란 새롭고 신기한 것을 좋아하고 모르는 것을 알고 싶어하는 마음을 말한다. 모든 아이는 호기심을 갖고 태어나기에 아이들은 끊임없이 만지고 두드리고 던지며 탐색하며 시간을 보낸다. 그러다 어휘 폭발기를 맞이하면서 "이건 뭐야?" 하며 하루 종일 물어보기 시작한다.

그런데 아이마다 호기심의 정도는 기질에 따라 차이를 보인다. 특히 자극 추구형의 아이는 호기심이 매우 커서 이것저것 건드리고 헤집어 놓아 엄마가 통제하기가 힘든 경우가 많다. 어떤 아이는 보통 수준의 호기심을 가졌지만 자라면서 관심 있는 대상에 대한 호기심을 더 깊고 넓게 잘 키워 가는 경우도 있다.

이런 호기심이 잘 자라나면 36개월 즈음이 되면서 아이들은 단순한 사물의 이름이나 용도를 묻는 것을 넘어 "왜?"라는 질문을 본격적으로 하기 시작한다. 사건의 원인과 결과를 알고 싶어 하며, 점점 더 본질적인 것에 대한 지적 호기심을 키워 나가는 것이다. 초롱초롱한 눈빛으로 "이건 뭐예요?", "어떻게 하는 거예요?"라고 질문하는 아이의 모습은 참으로 사랑스럽다. 반면 지적 호기심이 충분히 발달하지 않으면 아이는 단순히 자극적인 흥밋거리만을 좇게 되고 집중해서 생각하는 과정이 힘들어질 수 있다.

지적 호기심이 있음에도 제대로 발달하지 못하는 경우 역시 마찬가지다. 지적 호기심이 건강하게 자라려면 아이가 지속적으로 새로운 것을 탐구하고, 질문하고, 생각할 수 있도록 도와줘야 한다.

몸놀이의 즐거움 vs. 그림책 읽기의 설렘

24개월이 넘어가면 아이는 다양한 놀이와 활동에 대한 관심과 흥미가 많아지고 신체 움직임도 더욱 활발해진다. 신체 활동을 통해 이루어지는 발달은 정서와 두뇌 발달에도 중요한 영향을 미친다. 아이가 만족할 만큼 충분히 걷고, 달리고, 그네를 타고, 미끄럼을 타게 하고 목마를 태워 주는 것이 좋다. 트램펄린이나 균형 자전거를 활용해 신체 발달을 자극해 주는 것도 필요하다. 아무리 그림책 읽기가 중요하다고 해도 이러한 신체 활동의 중요성을 간과해서는 안 된다.

그런데 아이의 활동성이 높아지면 한시도 가만히 앉아 있지 못하는 현상이 나타난다. 이전까지 그림책에 집중하던 아이가 이제는 책을 밀쳐 내고 다른 장난감을 꺼내는 경우도 늘어난다. 몸으로 노는 즐거움이 더욱 커진 것이다. 게다가 아이의 활발한 움직임을 따라가다 보면 엄마도 지쳐서 책 한 권 읽어 주는 것조차 힘들어질 때가 있다. 아이 역시 그림책을 먼저 찾지 않으면서 점점 책과 멀어지는 경우도 생긴다.

그러나 이 시기에도 그림책과 멀어지지 않도록 해야 한다. 세상에 대한 호기심은 결국 지적 호기심이다. 신체 활동이 활발한 시기라고 해서 아이의 지적 호기심이 사라진 것은 아니다. 한참 뛰어놀고 난 후 진정될 때, 간식을 먹을 때, 잠자리에 들기 전 등 아이는 가만히 앉아 새로운 지식과 정보를 흡수하고 싶어 한다. 지적 호기심을 채우고 싶어 하는 것이다. 그렇기에 이 시기에도 그림책은 더욱 필요하다. 아이가 몸을 움직이는 즐거움을 충분히 누릴 수 있도록 하되, 동시에 그림책을 통해 지적 호기심을 키워줄 수 있도록 균형을 맞추는 것이 중요하다.

호기심이 강한 아이, 더 깊이 배우고 더 오래 기억한다

이 시기는 서서히 개인의 취향이 나타나기 시작하는 시기이기도 하다. 동물, 자동차 등 특정 소재의 그림책을 유독 좋아하거나 뽀로로, 아기상어 등 캐릭터 그림책에 특별한 관심을 보이기도 한다. 아이가 관심 있어 하는 책은 충분히 보여 주어도 좋다. 하지만 아이가 좋아한다고 그것만 계속 주면 새로운 지식을 접할 기회가 줄어든다. 세상엔 재미있고 흥미로운 이야기가 무궁무진하다. 좋아하는 것과 새로운 것을 적절히 섞어 다양한 호기심을 자극하는 것이 필요하다.

여기서 한 가지 더 중요한 점이 있다. 바로 아이의 호기심이 인지 발달에 미치는 영향이다. 호기심은 학습 동기를 유발하는 강력한 원동력이다. 예를 들어, 동물을 좋아하는 한 남자아이는 처음에는 모든 동물에 관심을 가졌다. 그러던 중 사자와 호랑이 같은 힘센 동물에 더 흥미를 보였고, 결국 가장 강한 동물인 공룡에 매료되었다. 그때부터 그 아이는 '공룡박사'가 되어 갔다. 공룡의 이름을 하나하나 외우며 이름 맞추기를 즐겼고 점차 지식이 깊어지면서 육식 공룡과 초식 공룡을 구분하고 공룡이 어느 시기에 왜 멸종했는지까지 말할 수 있게 되었다. 단순한 관심에서 출발한 호기심이 점점 깊은 탐구로 이어진 것이다. 이런 과정의 발달이 가능한 이유가 바로 아이의 호기심 때문이다. 동물과 공룡에 대한 호기심이 탐구의 동기유발이 된 것이다.

부모라면 누구나 아이가 열심히 배우고 자기 할 일을 스스로 잘해 나가길 바란다. 그래서 칭찬을 하거나 훈육을 하면서 아이를 가르친다. 하지만 이는 외적 동기에 해당한다. 즉, 행동 자체가 즐거워서 하는 것이 아니라 외부에서 주어지는 보상이나 처벌 때문에 하는 것이다. 그러나 학습 동기의 발달에서 가장 중요한 것은 외적 동기가 내적 동기로 전환되는 과정이다.

예를 들어, 부모가 혼을 내서 억지로 숙제를 하게 만든 경우와 아이가 스스로 숙제를 한 경우, 결과만 보면 같아 보일 수 있다. 하지만 그 과정의 본질은 다르며 장기적으로 보면 그 차이는 하늘과 땅 차이다. 외적 동기에만 머무른 경우에는 보상이나 처벌이 사라지면 더 이상 그 행동을 지속하지 않는다. 그래서 부모는 아이가 외적 동기를 넘어 내적 동기를 가질 수 있도록 많은 노력을 기울여야 한다.

내적 동기는 외부의 보상 없이도 스스로 배우는 과정에서 느끼는 기쁨과 성취감에서 비롯된다. 아이가 어떤 것을 알고 싶다는 마음 자체가 강한 학습 동기가 되는 것이다. 호기심이 많은 사람은 배우고 아는 것 자체에서 즐거움을 느낀다. 호기심은 뇌의 보상 회로를 활성화하여 긍정적인 감정을 불러일으키며 지속적인 학습을 가능하게 하고 새로운 기억을 형성한다.

결국 반복된 호기심과 탐구 활동은 하나의 루틴이 되고 습관으로 자리 잡으며 뇌의 자동화 현상이 발생한다. 이 단계에 이르면 아이의 뇌는 끊임없이 새로운 것을 탐색하고 배우는 과정 자체를 즐기는 방향으로 성장하게 된다. 호기심이 강한 아이가 결국은 자기 주도적으로 학습하는 아이로 자라게 되는 것이다.

영유아기에 지적 호기심을 충족시키고 발전시키는 방법은 크게 두 가지이다. 관찰적 탐구와 문제해결적 탐구방식이다. 관찰적 탐구란 현상을 관찰하면서 새로운 지식을 발견하는 과정이다. 영유아기 아이들은 사물을 하나하나 알게 되는 것에서부터 시작한다. 문제해결적 탐구란 어떤 위기 상황에서 새로운 관점으로 해결책을 찾아가는 과정이다. 이 탐구 방식은 아이가 해결 방법을 고민하면서 창의적으로 사고하는 능력을 키우는 데 큰 도움이 된다. 이 두 가지 탐구 방식은 그림책을 통해 효과적으로 길러질 수 있다. 아이들은 그림책 속 다양한 이야기와 상황을 경험하며 자연스럽게 관찰력을 키우고 문제 해결력을 연습할 수 있다.

"나는 특별한 재능이 없다. 열렬한 호기심이 있을 뿐이다." 알베르트 아인슈타인은 이런 말을 남겼다. 호기심의 힘과 중요성을 완벽하게 설명해 주는 말이다. 또한 앙투안 드 생텍쥐페리는 "배를 만들게 하고 싶다면 배 만드는 법을 가르치기보다, 바다에 대한 동경과 호기심을 키워 주어라."라고 했다. 어떤 대상을 좋아하게 되면 자연스럽게 그것을 탐구하고 배우려는 동기가 생긴다는 말이다.

우리의 뇌는 새로운 지식에 노출될 때 즐거움을 느끼고, 그 과정에서 동기를 얻게 된다. 그러나 모든 지식이 흥미롭게 다가오는 것은 아니다. 그렇기 때문에 아직 어린 아이들은 자신이 관심 있는 것에서부터 시작해야 한다.

특히 24개월 무렵의 아이들은 본격적으로 관심 대상을 찾기 시작한다. 그동안 읽었던 그림책들 중에서도 유독 좋아하는 책과 잘 보지 않는 책이 나뉘기 시작하는 시기다. 이 시기를 잘 활용하면 아이의 호기심을 더욱 자극하고 확장할 수 있다. 이때 그림책을 활용하여 아이가 자연스럽게 탐구할 수 있도록 돕고 다양한 주제의 책을 접하게 해 주자. 아이의 관심과 흥미를 존중하며 탐색할 기회를 충분히 제공한다면 스스로 배우고 성장하는 아이로 자라날 것이다.

실천 포인트 **호기심을 키우는 그림책 육아법**

① 다양한 내용과 형식의 책을 보여 주며 아이의 호기심이 어디에서 발동되는지 관찰한다.
② 아이가 다시 찾는 책의 주제와 소재, 내용과 비슷한 책을 깊고 넓게 읽어 준다.
③ 동시에 다양한 책도 지속적으로 보여 주어 새로운 호기심을 키운다.
④ 아이의 호기심을 잘 키워 주는 대화가 더욱 중요해지는 시기다. "이건 ○○란다.", "그게 궁금하구나.", "좋은 질문이야.", "함께 찾아볼까?", "멋진 생각을 잘하는구나."라고 반응해 주자. 좋은 대화로 아이의 호기심이 건강하게 발전하도록 도와주는 것이 중요하다.

호기심을 키워 주는
그림책

토끼일까?

크림빵(글), 박경연(그림), 키즈엠

배고픈 여우가 퍼즐을 맞추듯 흔적을 따라가며 토끼를 찾아 나서는 흥미진진한 이야기가 펼쳐진다. 토끼와 관련된 다양한 단서들을 하나씩 모아 가며 추적하는 여우의 모습은 아이들의 호기심을 자극하고, 논리적으로 생각하는 과정도 자연스럽게 배울 수 있게 한다. 과연 여우는 토끼를 찾을 수 있을까? 위기에 처한 토끼에게 어떤 일이 벌어질지 아이들은 호기심과 긴장감을 가지고 이야기에 빠져들게 된다.

으뜸 헤엄이

레오 리오니(글·그림), 마루벌

아주 작은 물고기들이 함께 바다 구경을 하다가 커다랗고 무서운 다랑어를 만났다. 작은 물고기들은 위험한 상황을 어떻게 벗어날 수 있을까?
위기 상황에서 새로운 문제 해결 방식을 찾아가는 과정이야말로 최고의 지적 호기심을 유발함과 동시에 문제 해결력을 키워 준다. 책을 읽고 나면 물고기를 볼 때마다 으뜸헤엄이를 생각하게 될 것이다.

치즈를 찾아라!

계명진(글·그림), 현북스

노랑고양이 치즈를 찾기 위해 꼬마 탐정 진이 나서면서 이야기가 시작된다. 고양이가 생활한 주변을 꼼꼼히 살피고, 작은 단서도 놓치지 않고 찾아가는 과정이 쏠쏠한 재미를 선사한다. 다양한 단서를 모아 사건의 실마리를 찾아가는 과정은 아이의 지적 호기심을 자극하고 몰입감을 높인다. 아이들은 진이와 함께 추리하는 과정에서 자연스럽게 사고력과 추리력을 키워 갈 수 있다.

나 진짜 궁금해!

미카 아처(글·그림), 청어람미디어(나무의말)

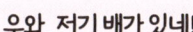

작은 궁금증이 기발한 상상의 질문으로 이어질 수 있음을 보여주는 책이다.
해는 세상의 전등일까? 물안개는 강의 이불일까? 쉽게 생각하지 못하는 아름다운 상상의 언어들이 아이의 잠자던 호기심을 흔들어 깨운다. 호기심에 상상이 더해진 기발한 질문들을 아이와 함께 말해 보는 것만으로도 무척 즐겁게 호기심을 키워줄 수 있다.

우와, 저기 배가 있네!

앤드류 J. 로스(글·그림), 하우어린이

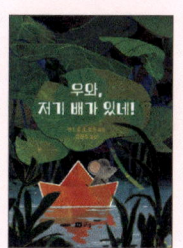

호기심 많은 생쥐가 배를 보고 냉큼 올라탄다. 무슨 배일까? 해적선? 탐험선? 어디서 온 배일까? 궁금한 게 많아 이리저리 살펴보는 동안 배가 둥둥 떠내려가기 시작한다. 배는 어디로 흘러갈까? 어디까지 가게 될까? 과연 거기서는 어떤 존재를 만나게 될까? 작은 호기심에서 시작해 넓은 세상으로 나아가는 생쥐의 모험이 아이의 호기심을 크게 키워 준다.

두뇌 발달을 자극하는
기억 놀이 그림책

기억력이 자라는 결정적 시기를 놓치지 마세요

만약 아이가 엄마, 아빠를 기억하지 못한다면?
이름을 부르면 방긋 웃으며 대답하던 아이가 자기 이름을
기억하지 못한다면?

　　　내가 나로 살아가는 가장 기본적인 힘은 나를 정의하는 수많은 사실과 경험을 기억하는 데서 나온다. 기억은 단순히 과거를 떠올리는 행위가 아니라 나의 존재를 형성하고 삶을 지속하게 만드는 핵심 요소다. 우리가 치매라는 병을 두려

위하는 이유도 여기에 있다. 평생을 살아오면서 쌓아 온 기억이 사라지고 사랑하는 가족조차 알아보지 못하는 비극적인 상황을 마주하게 될 수도 있기 때문이다. 그런데도 우리는 기억력이 어떻게 발달하는지에 대해서는 잘 모르는 경우가 많다. 주변에서 중요한 사실을 또렷이 기억하는 사람을 보면 그의 뛰어난 기억력에 감탄할 뿐, 기억이라는 것이 어떤 방식으로 작동하고 성장하는지에 대해서는 크게 관심을 두지 않는다. 때로는 기억력을 단순히 시험에서 좋은 성적을 받기 위한 암기력 정도로 축소해서 바라보기도 한다. 하지만 기억하는 능력은 그렇게 단순한 것이 아니다.

기억은 아이의 인지 능력 발달에 핵심적인 역할을 한다. 아이가 자라면서 기억력이 충분히 발달하지 않는다면 어떤 일이 벌어질까? 어제 했던 말을 기억하지 못해 오늘도 내일도 같은 이야기를 반복해서 알려 주어야 한다면, 또는 한 해 한 해 성장하는데도 기억의 양이 늘어나지 않는다면 부모는 아이의 지능과 뇌 기능이 정상적인지 고민하게 될 것이다. 그만큼 기억력은 아이의 발달에 근본적인 영향을 미치지만 그 중요성을 간과하는 경우가 많다. 그러나 아이가 사물의 이름을 기억하고, 글자를 모르면서도 특정 그림책을 꺼내 와서 "이 책 읽어 줘."라고 하고, 어제 있었던 일을 오늘 다시 떠올리며 이야기하는 것, 이 모든 것이 기억의 힘이다.

기억력 발달의 비밀

아이의 기억 발달을 더 깊이 이해하려면 기억의 종류부터 살펴볼 필요가 있다. 기억은 크게 단기기억과 장기기억으로 나뉜다. 장기기억이란 경험을 통해 습득한 많은 사실들이 반복을 통해 오랫동안 저장되는 기억을 말한다. 이 장기기억도 다시 두 가지로 구분된다. 어린 시절 외운 구구단, 다녔던 유치원의 풍경, 부모님과 함께 놀러 갔던 기억처럼 시간이 지나도 생생하게 떠올릴 수 있는 기억은 명시적 기억이다. 이는 구체적인 사건과 내용을 회상할 수 있는 기억으로, 아이의 인지 발달에 있어 매우 중요한 역할을 한다. 아이가 성장하면서 장기기억에 저장된 정보가 많을수록 학습에 유리하다는 것은 쉽게 유추할 수 있다.

그런데 장기기억에는 암묵적 기억도 존재한다. 암묵적 기억이란 감정과 연관된 기억이나 몸에 익힌 기술, 습관 등에 대한 기억을 포함한다. 영화에서 기억을 잃은 사람이 갑자기 외국어를 구사하며 놀라는 장면이나, 몇십 년간 자전거를 타지 않았는데도 다시 쉽게 익숙해지는 사례가 암묵적 기억의 대표적인 예다. 이 중에서도 감정 기억은 좀 더 관심을 가져야 한다. '자라 보고 놀란 가슴 솥뚜껑 보고 놀란다.'는 속담을 떠올려 보자. 명시적 기억이란 자신이 왜 솥뚜껑을 보고 놀랐는지, 왜 그런 형상을 보면 괜히 기분 나쁘고 심장이 콩닥거리는지 아는 경우이고, 암묵적 기억은 모르는 경우이다.

이 점에서 영유아기의 경험은 더욱 중요하다. 만약 아기를 훈육한다고 손을 들어 아이를 때린다면, 그 아이는 나중에도 누군가 손을 들 때마다 이유 없이 움찔하고 놀랄 수 있다. 사건의 세부 내용을 기억하지 못하더라도 그 경험이 감각 기억으로 남아 감정과 행동에 영향을 미칠 수 있기 때문이다. 18개월 이전의 아이들은 아직 장기기억을 형성하는 능력이 발달하지 않아 어제의 일을 정확히 기억하지 못한다. 그렇다고 해서 기억이 사라지는 것이 아니다. 기억은 암묵적으로 저장되어 아이의 감정과 행동 패턴을 형성하며 무의식적인 반응으로 나타난다. 따라서 뇌 발달이 가장 왕성한 0~3세 시기에는 기분 좋은 경험과 풍부한 자극이 절대적으로 필요하다.

아이가 사물의 이름을 기억하고 주변 정보를 저장하는 것은 장기기억이 형성되고 있다는 증거다. 예를 들어, 집 안의 휴지통 위치를 바꾼 후 기저귀를 버리라고 했을 때, 아이가 원래 있던 자리로 달려가서 휴지통이 없는 것을 보고 의아한 표정을 짓는 모습은 기억력이 작동하고 있음을 보여 준다. 양말을 가져오라는 말을 들으면 서랍으로 가고, 그림책을 가져오라고 하면 책장으로 가며, 밥을 먹자는 말에 식탁으로 오는 것도 모두 장기기억 덕분이다. 아이가 점점 더 많은 것을 기억하기 시작하는 이 시기에는 기억력을 촉진할 수 있는 다양한 경험을 제공하는 것이 중요하다.

단기기억은 몇 초에서 몇 분 정도 지속되는 기억을 의미한다. 전화번호를 듣고 번호를 누르는 동안은 기억하지만 몇 초 뒤에는 잊어버리거나, 엄마가 시킨 심부름을 듣고서도 "엄마, 뭐 하라고 했어요?"라고 되묻는 것은 기억이 장기 저장되지 않고 일시적으로 머물렀기 때문이다. 특정 정보를 장기기억으로 저장하려면 반복이 필수적이다. 같은 정보를 여러 번 반복적으로 떠올리고 사용할수록 뇌세포 간 연결이 강화되며 기억이 더욱 견고해진다. 우리가 구구단을 수십 년이 지나도 기억하는 이유도 이와 같다.

장기기억과 단기기억이 원활하게 발달해야만 이후 학습에서 중요한 기능을 담당하는 작업기억이 효과적으로 작동할 수 있다. 작업기억이란 문제를 해결하기 위해 장기기억 속의 정보를 끌어오고, 동시에 단기적으로 필요한 정보를 저장하며, 이를 조합해 새로운 해답을 찾아가는 과정이다. 공부할 때 가장 중요한 기억력은 바로 작업기억이다. 작업기억력이 좋은 아이는 학습 과정에서 정보를 효과적으로 활용할 수 있어 학습 능력이 뛰어나며, 문제 해결 능력도 자연스럽게 향상된다.

기억 발달에서 또 하나 중요한 요소는 정서적 안정감

이다. 미국 워싱턴대학교 정신과 교수인 존 루비(Joan Luby)는 3~6세 미취학 유아 92명을 대상으로 실험을 진행했다. 실험 과정에서 아이들은 포장된 선물을 앞에 두고 엄마가 서류 정리를 마칠 때까지 기다려야 했다. 하지만 아이들은 당장 포장을 풀고 싶어 했고, 이때 엄마들이 보이는 반응에 따라 두 그룹으로 나뉘었다. 아이가 충동적인 감정을 조절할 수 있도록 도와준 엄마들은 A그룹, 아이를 무시하거나 야단친 엄마들은 B그룹으로 나누어 연구가 진행되었다.

그로부터 4년 후, 참가한 아이들이 7~10세가 되었을 때 연구진은 이들의 뇌를 검사했다. 분석 결과 A그룹 아이들의 해마 크기가 B그룹 아이들보다 10퍼센트 더 큰 것으로 나타났다. 해마는 학습과 기억을 담당하는 변연계의 핵심 부위로, 스트레스 반응과 감정 행동, 일부 운동 조절에도 관여한다. 해마 크기가 작다는 것은 그만큼 학습과 기억 발달에 필요한 기능이 충분히 발휘되지 못한다는 의미다. 루비 교수는 엄마의 사랑과 관심을 충분히 받은 아이일수록 기억을 관장하는 해마가 더 건강하게 발달한다는 사실을 밝혔고, 이는 애정 어린 양육이 아이의 뇌 건강과 학습 능력에 결정적인 영향을 미친다는 과학적 증거가 되었다. 또한 기억력과 집중력에 문제가 있는 사람과 그렇지 않은 사람들의 뇌 부피를 분석한 또 다른 연구에서도 기억력이 약한 사람들은 해마의 크기가 상대적으로 작았다는 사실이 확인되었다. 이는 기억력 발달이 단순히 학습의 문제가 아니라, 아이의 전반적인 인지 능력과 감정 조절, 정서 안정에도 영향을 미친다는 것을 의미한다. 그러니 아이의 기억력 발달과 인지와 학습 발달을 위해서도 정서적 안정감을 키워 주는 것은 매우 중요하다.

기억력을 키우는 놀이와 그림책

아이의 기억 발달은 부모에게 놀라움과 감탄을 안겨 준다. 몰랐던 사물의 이름을 척척 기억하고, 어린이집으로 가는 길을 스스로 찾아가며, 엄마와 아빠의 이름을 듣고 기억해 말하기도 한다. 이런 순간들은 하나하나가 경이롭고 신기하게 느껴진다. 기억력이 발달하면서 아이는 더욱 멋지게 성장하고 세상을 이해하는 폭도 넓어진다.

그렇다면 기억력을 높여 주기 위해 아이와 어떻게 놀아 주어야 할까? 일상에서 기억력을 자극하는 놀이를 하는 것도 매우 효과적이다. 간단한 기억놀이부터 시작해 보자. 과일이나 동물 카드 다섯 장을 준비해 아이와 함께 집안 곳곳에 카드를 숨긴다. 숨긴 후 바로 찾지 않고, 1분 정도 동요를 부르며 춤을 추거나 간단한 활동을 한 뒤 카드를 찾는 시간을 가져

보자. 이 과정에서 부모는 아이가 얼마나 기억하는지 자연스럽게 확인할 수 있으며, 아이에게는 기억력을 자극하는 좋은 경험이 된다.

　　기억력을 더욱 촉진하고 활성화하기 위해 기억을 자극하는 그림책을 함께 즐기는 것도 좋은 방법이다. 기억을 잘하기 위해서는 정신 에너지를 집중적으로 사용해야 하는데, 흥미로운 그림책을 활용하면 즐겁게 놀이하듯 기억력을 향상시킬 수 있다. 이때 주의할 점은 아이가 기억하지 못했다고 실망하지 않는 것이다. 기억한 한 가지라도 발견하면 아낌없이 칭찬해 주자. 반복된 경험을 통해 아이는 점점 더 똘망똘망한 기억력을 발휘하게 될 것이니 조급해하지 말고 꾸준히 함께하는 것이 중요하다.

기억 놀이
그림책

무얼 입고 갔을까?

정영희(글), 윤성희(그림), 별똥별

"바다에 놀러 가야지. 무얼 입고 갈까?" 옷걸이에 걸려 있는 다양한 옷들 중에서 고르기 시작하는 장면으로 이야기가 시작된다. 이때 그림책의 날개를 펼치면 사라진 옷이 있어 아이는 과연 어떤 옷을 입고 갔는지 기억해 보게 된다. 다음 장에서는 모자를, 또 다음 장에서는 어떤 장난감을 가져갔는지 찾고 기억해야 하는 과정이 이어진다. 책의 날개를 열었다 접었다 하면서 아이들은 자연스럽게 기억력을 훈련할 수 있다. 마음에 드는 물건을 고르는 재미에 빠질 수도 있고, 여러 번 반복하며 시각적 기억력도 키울 수 있는 그림책이다. 이러한 방식을 일상생활에 응용해 보면 아이의 기억력 발달에 더욱 도움이 될 것이다.

찾아라, 찾아라!

김지유(글), 세바스티앵 브라운(그림), 블루래빗

책의 창을 열고 닫으며 그림의 위치를 기억하는 독특한 메모리 게임북이다. 이야기를 따라가며 같은 쪽에 있는 여섯 개의 창 중에서 서로 같은 그림이 숨어 있는 위치를 기억하고 찾아내는 놀이가 펼쳐진다. 손으로 직접 창을 열고 닫는 조작을 하면서 아이의 기억력과 집중력은 자연스럽게 활성화된다. 처음에는 아기가 잘 기억하지 못하겠지만 같은 그림 두 개를 함께 보여 주며 익숙해지는 과정을 거치다 보면 점차 아이 스스로 기억해서 찾을 수 있게 된다.

코끼리 아저씨의 신기한 기억법
베셀 산드케(글), 얀 유테(그림), 월천상회

당나귀는 생일파티를 준비하기 위해 필요한 물건을 생각한다. 사탕, 소시지, 케이크, 풍선 등 기억할 게 너무 많다. 게다가 동물 친구들도 한 가지씩 부탁을 한다. 결국 가게에 도착했을 때 당나귀는 무엇이 필요한지 몽땅 잊어 버린다. 어떻게 하면 기억을 되살릴 수 있을까? 아직 어린 아기들에게 조금 어려울 수 있으나 반복해서 읽어 주다 보면 서서히 기억하는 방법을 익힐 수 있다.

똑똑한 그림책
오니시 사토루(글·그림), 뜨인돌어린이

그림책의 양면을 펼치면 모두 18마리의 동물들이 앞을 보고 있다. 다음 장을 열면 "누가 숨었지?"라고 물어본다. 책장을 넘길 때마다 누가 울고, 누가 숨었는지, 누가 화가 났는지 찾는 그림책이다. 찾다 보면 서서히 각 동물의 위치를 기억하게 되어 맨 마지막에는 눈동자만 보고도 어떤 동물인지 알아맞히게 된다. 여러 번 반복하면 꽤 잘 기억하게 되는 신통한 모습을 보게 될 것이다. 단, 아이가 잘 기억하지 못해도 실망하면 안 된다.

곰돌이 팬티
투페라 투페라(글·그림), 북극곰

곰돌이가 팬티를 잃어 버렸다. 곰돌이는 친구 생쥐와 함께 잃어버린 팬티를 찾기 위해 여행을 떠난다. 그들 앞에 다양한 모습의 팬티가 나타나기 시작한다. 화려한 줄무늬는 누구의 팬티일까? 먹을 것들이 잔뜩 그려진 팬티는? 팬티의 주인이 누구일지 예상하고 알아맞히는 재미가 있다. 무엇보다 정작 곰돌이의 팬티는 어떤 모양일지 마지막까지 궁금증을 유발하여 아이들의 궁금증을 자극해 계속 반복해서 보게 만든다.

수학 머리를
깨우는 수 감각 그림책

아기가 색깔보다 먼저 알아보는 수량

"예쁜 손가락 세어 볼까? 하나, 둘, 셋, 넷, 다섯!"

"세 숟가락만 먹자. 한 숟가락, 두 숟가락, 세 숟가락. 와! 잘 먹었어."

"열 번만 타고 이제 내리는 거야. 하나, 둘, 셋, 넷, 다섯, 여섯, 일곱, 여덟, 아홉, 열!"

아마 날마다 아이와 함께 수 세기를 하고 있을 것이다. 숫자를 모르는 아이에게 그렇게 열심히 숫자를 세어 주는 것이 과연 의미가 있을까 궁금해하는 사람도 있다. 영아기부터 이러한 과정이 중요한 이유를 이해하려면 먼저 인간이 태어날 때부터 수에 대한 감각을 가지고 있는지 살펴볼 필요가 있다. 숫자를 알지 못하는 아기가 수량의 많고 적음을 구별할 수 있을까? 덧셈과 뺄셈의 개념을 어느 정도 감각적으로 이해할 수 있을까? 이에 대한 의미 있는 두 가지 실험이 있다.

1982년, 미국의 심리학자 카렌 윈(Karen Wynn) 교수는 생후 5개월 된 아기들을 대상으로 흥미로운 실험을 진행했다. 실험에서는 종이 상자로 만든 작은 무대를 활용했으며 무대의 옆면에는 어른 손이 드나들 수 있는 구멍이 뚫려 있었다. 아기들이 무대를 바라보는 상태에서 실험이 진행되었다. 실험자가 장갑을 낀 손으로 미키마우스 인형을 한 개씩 차례로 가져가 모두 무대에 놓은 뒤, 가리개로 인형을 가렸다. 그리고 잠시 후 두 가지 상황을 아기들에게 보여 주었다.

첫 번째 상황은 가리개를 열었을 때 원래대로 두 개의 인형이 그대로 남아 있는 경우였다. 두 번째 상황은 가리개 뒤에서 몰래 인형 한 개를 빼내어 한 개만 남아 있는 경우였다. 아기들은 어떤 반응을 보였을까? 신기하게도 아기들은 두 개가 있는 상황보다 한 개만 남아 있는 상황에서 훨씬 더 오래 인형을 응시했다. 두 개가 있어야 하는 곳에 한 개만 남아 있는 상황이 예상과 다르다고 느낀 것이다. 즉, '1+1=2'라는 개념을 직관적으로 이해하고 있었던 것이다.

이와 비슷한 방식으로 뺄셈 개념도 실험하였다. 이번에는 두 개의 인형을 놓아 두고 가리개로 가린 뒤 실험자가 손을 뻗어 인형 한 개를 꺼내는 모습을 아기들에게 보여 주었다. 가리개 뒤에는 한 개의 인형이 남아 있어야 하는 상황이었다. 이후 가리개를 걷어 보이며 실제로 한 개만 남은 경우와 두 개가 그대로 남아 있는 경우를 번갈아 보여 주었다. 아기들은 예측과 다른 상황, 즉 한 개가 남아 있어야 하는데 두 개가 그대로 남아 있는 상황에서 더 오랫동안 무대를 응시했다. 이 연구 결과를 바탕으로 카렌 윈 교수는 생후 4개월밖에 되지 않은 아기들이 간단한 덧셈과 뺄셈 개념을 감각적으로 이해할 수 있다는 연구 결과를 발표했다. 기존의 인지 발달 이론을 뒤집는 놀라운 발견이었기에 학계에서도 큰 반향을 일으켰다.

이 실험과 연관된 또 다른 흥미로운 연구를 살펴보자. 1990년대 미국 심리학자 토니 사이먼(Tony Simon) 팀은 돌이 채 안 된 아이들을 대상으로 같은 실험을 변형하여 진행했다. 이번에는 막이 오르고 인형 두 개가 남아 있어야 할 상황에서 빨간 공 두 개가 나타나도록 연출했다. 아기들의 반응은 어떠했을까? 예상과 다르게 인형이 사라지고 공이 나타났음에도 불구하고 아기들은 그다지 놀라지 않았다. 그러나 빨간 공이 한 개만 남아 있는 경우에는 아기들이 무대를 오래 주시하는 경향을 보였다.

이 실험은 무엇을 의미할까? 아기들이 물체의 형태나 색깔보다 수량의 변화에 더욱 민감하게 반응한다는 사실을 보여 준다. 즉, 인형이 사라지고 공이 나타났다는 변화보다 두 개에서 한 개로 수량이 변했다는 사실에 더 혼란을 느낀 것이다. 이것은 숫자 개념이 언어보다 먼저 발달한다는 것을 시사하며 수의 개념이 인간에게 크기, 색깔, 형태보다 더 근본적인 정보로 인식된다는 사실을 확인할 수 있는 연구 결과였다. 이러한 연구들은 아기가 숫자를 모른다고 해도 수의 개념을 감각적으로 이해하고 있다는 것을 보여 준다.

수 감각을 키우면 수학 실력이 쑥쑥!

그렇다면 타고난 유아의 수 감각은 시각과 청각처럼 저절로 발달하는 것일까? 결코 그렇지 않다. 수 감각이란 단순히 숫자를 세는 것이 아니라, 수에 대한 직관적인 이해와 문제 해결을 위해 수를 창의적으로 활용하는 능력을 의미한다. 예를 들어, 어느 나무에 열매가 더 많은지 직관적으로 판단하는 능력, 물건의 양을 비교하는 능력, 나아가 상황에 따라 수를 조합하여 활용하는 능력까지 포함된다. 이 능력은 타고났다고 해서 자연스럽게 발달하는 것이 아니라, 다양한 경험을 통해 구체적이고 정밀한 형태로 발전해 나간다.

수 감각을 키우기 위해서는 기본적인 수 세기뿐만 아니라 수의 많고 적음을 구별하는 능력, '크다/작다', '길다/짧다', '무겁다/가볍다' 등의 개념을 익히는 과정, 순서를 이해하는 능력, 시간 감각을 키우는 경험까지도 필요하다. 이러한 다양한 감각이 발달하면서 아이는 점차 수를 이해하고 활용하는 능력을 갖추게 된다. 인지과학자들은 어릴 때 수 감각이 잘 발달한 아이들이 나중에 수학을 더 쉽게 배우고, 수학을 포기할 확률이 낮다는 연구 결과를 발표했다. 즉, 수 감각이란 학습의 기초가 되는 중요한 능력이라는 뜻이다.

그렇다면 아이의 수 감각을 효과적으로 키우려면 어떻게 해야 할까? 이를 위해서는 먼저 '어림수'와 '정확수'의 개념을 이해해야 한다.

어림수란 숫자를 정확히 세지 않고도 어느 쪽이 더 많은지를 직관적으로 파악하는 능력을 의미한다. 예를 들어, 눈앞에 한 개와 세 개의 사탕이 있을 때, 정확히 세지 않고도 세 개가 더 많다고 알아차리는 것이 어림수 감각이다. 또 다른 예로, 일직선상에 0과 10을 양 끝에 두고 점 다섯 개가 어디쯤 위치할지를 직관적으로 판단하는 것도 어림수 능력에 해당한다.

반면 정확수는 수를 정확히 인식하고 계산하는 능력이다. 예를 들어 '3+5'는 얼마인가를 묻는 것이 정확수 시스템에 해당한다. 우리가 교육 과정에서 배우는 덧셈, 뺄셈, 곱셈, 나눗셈은 모두 정확수 시스템을 기반으로 한다.

그렇다면 두 가지 중 어떤 것이 먼저 발달해야 할까? 중요한 것은 아기의 수 감각이 기본적으로 어림수 시스템으로 작동한다는 점이다. 즉, 아이가 처음에는 직관적으로 수의 크고 작음을 구별하는 어림수 시스템을 활용하며 이 능력이 충분히 발달해야 나중에 정확한 숫자를 배우는 과정에서도 무리 없이 이해할 수 있다. 어림수 감각이 약한 상태에서 곧바로 정확한 숫자를 익히려 하면 수 개념이 어려워지고 결국 수학에 대한 거부감이 생길 가능성이 커진다.

쉽게 말해, 한눈에 보고 많고 적음, 길고 짧음을 구별하는 어림수 감각을 충분히 키우는 것이 먼저다. 이 감각이 자연스럽게 자리 잡으면, 나중에 학교에서 정확한 숫자와 연산을 배울 때도 훨씬 쉽게 이해할 수 있다. 복잡한 응용 문제를 해결할 때 직관적으로 문제 해결의 방향을 잡고 적절한 연산식을 떠올리는 능력도 결국 어림수 감각에서 시작된다고 해도 과언이 아니다.

일상에서 쉽게 키우는 우리 아이 수 감각

어린아이의 수 감각을 키우려면 어디서부터 시작해야 할까? 가장 중요한 것은 어림수 개념부터 익히는 것이다. 아이는 수를 직관적으로 이해하는 능력을 가지고 태어나지만 이를 발전시키려면 다양한 경험이 필요하다. 먼저 수량의 많고 적음을 자연스럽게 깨닫고 수를 세는 말을 익히는 과정부터 시작해야 한다. 하지만 여기서도 고민이 생긴다. '하나, 둘, 셋'을 먼저 가르쳐야 할까? 아니면 '일, 이, 삼'을 먼저 가르쳐야 할까?

두 가지 방식은 모두 수를 세는 말이지만 쓰임새가 조금 다르다. '하나, 둘, 셋'은 우리말이고, '일, 이, 삼'은 한자어로 표현된 숫자다. 일상에서는 주로 '하나, 둘, 셋'으로 사물의 개수를 세고, 수학적 개념을 익힐 때는 '일, 이, 삼'을 사용한다. 따라서 처음에는 '하나, 둘, 셋'으로 수 세기를 익히고, 이후 숫자를 가르칠 때 수량과 숫자의 개념을 연결하면서 '일, 이, 삼'을 가르치는 것이 더 자연스럽고 효과적이다. 참고로 동양 사람들이 수학을 잘한다는 말도 있는데, 이는 '일, 십, 백, 천' 단위로 세는 방식이 한 음절로 짧고 간결하기 때문이라는 속설도 있다.

여기서 중요한 점은 수량을 세는 말을 먼저 익히되, 숫자 자체를 인식하는 것은 아이에게 아직 어려운 과정이라는 사실을 이해하는 것이다. 유아의 수 감각 발달은 다음과 같은 단계로 이루어진다.

구체물(Concrete 예 사탕 5개) → 반구체물(Semi-Concrete 예 동그라미 5개) → 추상적 개념(Abstract 예 숫자 5)

이를 CSA 전략(Concrete-Semi Concrete-Abstract)이라고도 한다.

따라서 아이가 수학을 배운다고 해서 바로 숫자로 접근하는 것은 바람직하지 않다. 사탕이나 블록과 같은 구체적인 물체를 세어 보는 경험이 먼저 필요하고, 그다음 그림이나 점을 활용한 반구체적 표현으로 수량을 익힌 후 마지막으로 숫자를 인식하는 단계로 넘어가는 것이 이상적이다. 그렇기 때문에 너무 이른 나이에 수학 학습지나 숫자 문제로 공부를 시키는 것은 오히려 아이에게 부담이 될 수 있다. 아직 수 감각이 발달하지 않은 아이들에게 학습지를 통한 교육은 흥미를 떨어뜨리며 수학을 어렵고 지루하게 느끼게 만드는 원인이 될 수도 있다는 점을 기억해야 한다.

영유아의 수 감각을 키우려면 우선 수 세기에 익숙해지는 말을 자주 들려주는 것부터 시작해야 한다. 하나부터 열까지 세는 말을 들려주고, 열까지 익숙해지면 스물까지 늘려 장난감이나 음식을 활용해 함께 세어 보자. 하지만 이 과정에서 착각하면 안 되는 것이 있다. 아이가 숫자를 입으로 말한다고 해서 수량을 정확히 이해하는 것은 아니라는 점이다. 예를 들어, 아이가 다섯까지 셀 줄 안다고 해서 손가락 다섯 개를 보고 "이게 몇 개야?"라고 물으면 정확하게 대답하지 못할 수도 있다. 이는 수와 사물을 일대일 대응하는 능력이 아직 발달하지 않았기 때문이다. 이 과정은 시간이 걸리는 것이므로 조급해하지 말고 놀이처럼 즐겁게 반복하며 아이의 수 감각을 키워 주자.

또한 수 개념은 일상 속에서 자연스럽게 익혀야 한다. "엄마 건 많고 네 건 적어.", "아빠는 키가 크고 넌 작아.", "이 줄은 길고, 저쪽 줄은 짧아." 같은 표현을 생활 속에서 자주 말해 주면, 아이는 수 감각을 보다 직관적으로 이해하게 된다. 숫자 1, 2, 3을 가르치는 일은 수 세기에 충분히 익숙해지고, 아이가 숫자의 추상적 개념을 받아들일 준비가 되었을 때 진행하는 것이 적절하다.

정리해 보면, 아이는 태어날 때부터 수 감각을 가지고 있지만 저절로 발달하는 것은 아니다. 수와 수량에 대한 본능적인 감각을 가지고 태어나지만 이를 발전시키기 위해서는 사물을 활용한 구체적인 경험이 필수적이다. 숫자를 암기하는 것이 아니라 수와 수량을 직관적으로 연결하고 크기 개념과 수 간의 관계를 이해하며 수의 조작과 자릿수를 익히는 과정이 필요한 것이다. 이렇게 적절한 연습과 노출과정을 통해 수 감각을 향상시킬 수 있다.

　　12개월 아기에게 두 접시의 과자를 보여 주고 선택하게 했을 때, 80퍼센트가 한 개보다 두 개, 두 개보다 세 개를 선택하는 경향을 보인다. 이는 타고난 어림수 감각이 존재한다는 것을 보여 준다. 따라서 수학이 어렵다는 고정관념에서 벗어나, 일상 속에서 구체적인 물체를 활용해 자연스럽게 수 감각을 키우는 것이 중요하다. 예를 들어, 한 걸음 걸을 때마다 숫자를 세고, 밥을 먹을 때도 수세기를 활용하며, 자동차를 타고 가는 동안에도 재미있게 숫자를 들려주면 아이는 놀이처럼 수 감각을 익힐 수 있다.

　　참고로, 수 세기는 아이의 감정 조절에도 도움이 된다. "열까지 세고 나서 줄게. 조금만 기다려줘."라고 말하며 천천히 하나, 둘, 셋을 세어 보자. 이렇게 하면 아이는 기다리는 법을 배우고, 만족 지연력도 자연스럽게 발달할 수 있다.

　　마지막으로, 그림책을 활용한 수 감각 놀이도 큰 도움이 된다. 그림책을 통해 아이가 자연스럽게 숫자와 수세기에 익숙해지도록 돕는 과정은 보다 높은 수준의 수 감각 발달을 유도한다.

수 감각을 키워 주는 그림책

사냥꾼 하니

팻 허친즈(글·그림), 시공주니어

사냥꾼 하니가 사냥을 위해 숲으로 간다. 코끼리 두 마리를 지나치고, 기린 세 마리를 지나치고, 계속해서 동물들을 다 지나친다. 책장을 넘길 때마다 새로운 동물이 등장하고, 한 마리씩 수가 늘어난다. 마지막 앵무새 열 마리를 지나치고 나서야 나중에 자신이 지나쳐 온 동물들이 모두 모여 있는 걸 보고 깜짝 놀라 달아난다. 각 장면의 동물들을 관찰하는 재미가 있고 즐겁게 수 세기도 할 수 있다.

잘잘잘 1 2 3

이억배(글·그림), 사계절

"하나 하면 할머니가 호박을 이고서 잘잘잘, 둘 하면 두더지가 땅꿀을 판다고 잘잘잘." 어릴 적에 누구나 불렀던 전래동요를 각색한 그림책이다. 즐겁게 노래하며 재미있게 숫자를 익힐 수 있다. 배경 그림을 보며 수를 세면 수 감각을 키우는 데도 큰 도움이 된다. 부모가 기억하는 원래 노래를 들려주어도 아이가 무척 즐거워한다.

티치

팻 허친즈(글·그림), 시공주니어

형 피트, 누나 메리, 그리고 아주 작은 티치가 등장한다. 티치는 무엇이든 누나와 형보다 작다. 키도 더 작고, 자전거도 작은 세발자전거를 탄다. 신발도 크기가 다르다. 키도 작고 어린 티치에 비해 형과 누나는 항상 크고 더 대단한 일을 한다. 그래서 속상한 티치. 하지만 작아도 더 큰일을 할 수 있다는 반전 스토리가 펼쳐진다. 단순한 글과 그림이지만 강한 메시지를 전달할 뿐 아니라, 크고 작음에 대한 감각을 잘 키울 수 있다.

Zero 영

캐드린 오토시(글·그림), 북뱅크

0은 다른 숫자들이 1, 2, 3, 4 세면서 노는 게 부럽다. 자신도 셀 수 있는 숫자이길 바란다. 게다가 0은 둥글기만 하고 가운데가 텅 비었다. 자기 마음도 텅 빈 것 같다. 1은 단단하고 힘이 세고 쪽 뻗은 몸과 듬직한 모서리까지 있다. 0은 이런 숫자 친구들이 부럽다. 이에 숫자 친구들은 0을 위해 조언을 해 주고 0은 서서히 자신이 얼마나 중요한 존재인지 깨닫기 시작한다. 숫자를 의인화한 이야기가 감동적이며 수에 대한 친밀감을 쌓을 수 있다.

야, 발자국이다

보리(글), 문병두(그림), 보리

흰 눈 위에서 발견한 신기한 발자국들이 호기심을 자극한다. 짧은 발이 한 쌍, 긴 발도 한 쌍, 그리고 짧은 발의 발가락은 네 개, 긴 발의 발가락은 다섯 개다. 과연 누구의 발자국일까? 나무 밑에서 발자국이 뚝 끊겼다면? 쪼개진 도토리 껍질, 뜯어먹은 솔방울, 조그만 똥까지 흩어져 있는 현장은 아이들의 추리력을 자극한다. 이 그림책은 자연스럽게 아이의 궁금증을 유발하고 더 섬세하게 관찰하며 유추해 보는 과정을 통해 생각하는 즐거움을 느끼게 해 준다. 동물의 흔적을 통해 퀴즈를 풀듯 이야기를 따라가면서 수 세기뿐 아니라 지식책 읽기의 즐거움도 자연스럽게 경험할 수 있는 탐구형 그림책이다.

영어 그림책
언제, 어떻게 읽어 줄까?

우리 아이 첫 영어, 어떻게 시작해야 할까?

"영어는 언제부터 가르쳐야 하지?"
"영어 그림책을 읽어 주고 싶어도 발음이 안 좋은데 어떻게 하지?"
"너무 일찍부터 가르치면 모국어 발달에 오히려 방해가 된다던데."
"나중에 영어 유치원을 보내야 하나?"

우리나라에서 자녀를 둔 부모라면 누구나 한 번쯤 영

어 교육에 대한 고민을 해 보았을 것이다. 그렇기에 미리 영어 교육에서 가장 중요한 사실을 먼저 짚어 보고, 그 방법에 대해 신중하게 고민해 보는 것은 바람직하다. 현재 영유아를 대상으로 한 영어 교육 방법 중 가장 많이 알려진 것은 '영어 노출'이다. 아이가 아직 어린 시기이므로 학습보다는 자연스럽게 영어를 접하는 것이 중요하다는 것이다. 유아 영어 교육 전문가들도 공통적으로 영어를 최대한 많이 접하게 하는 것이 효과적이라고 말한다.

영어 노출이란 아이가 영어를 접할 수 있는 환경을 만들어 주는 것으로, 영어로 된 대화를 들려주거나, 영어 그림책을 읽어주거나, 영어 노래를 들려주거나, 영어 애니메이션을 보여주는 것을 의미한다. 최소한 억지로 알파벳을 가르치거나 단어를 외우게 하는 방식이 아니라는 점에서 긍정적이다. 하지만 단순히 영어를 들려준다고 해서 무조건 효과가 있는 것은 아니다. 노출 자체는 자연스럽게 접하게 하는 것이라는 점에서 좋은 방법이지만 그 방식이나 대상을 어떻게 설정하느냐에 따라 학습 효과는 크게 달라질 수 있다.

대부분의 부모는 영어를 자유롭게 구사하지 못하기 때문에 영어 노출을 한다고 하면 가장 먼저 떠올리는 것이 영어 영상을 보여 주는 것이다. 그러나 24개월 이전에는 미디어를 보여 주지 않는 것이 원칙이며, 24개월 이후에도 부모와 함께 시청하는 방식이 되어야 한다. 무분별한 영상 시청은 언어 발달에 도움이 되지 않을 뿐만 아니라, 오히려 인지 발달과 정서 발달을 방해할 수 있기 때문이다.

그렇다면 미디어 노출을 제한하면서도 영어를 어떻게 효과적으로 노출할 수 있을까? 부모가 아이에게 한국어를 가르칠 때 어떤 과정을 거쳤는지 떠올려 보면 쉽게 알 수 있다. 부모가 아이에게 한국어를 가르칠 때 가장 먼저 하는 것은 바로 말 걸기와 노래 부르기이다. 틈나는 대로 아이와 눈을 맞추고 스킨십하며 상호작용을 하면서 말을 걸어 주고, 노래를 불러 준다. 그 과정에서 자연스럽게 그림책을 읽어 주고, 대화를 나누는 방식으로 아이에게 언어를 가르친다. 이렇게 아이가 언어를 배우는 과정은 철저히 부모와의 상호작용을 기반으로 이루어진다.

아이에게 한국 애니메이션을 보여준다고 해서 언어 능력이 더 빨리 발달하지는 않는다. 오히려 일방적인 영상 노출은 언어 발달에 별다른 도움이 되지 않을 뿐만 아니라 정서 발달과 뇌 발달을 저해할 수도 있다는 연구 결과가 있다. 언어 습득은 단순한 청취가 아니라 상호작용을 통한 언어 자극이 있어야 효과적이다.

따라서 영어 교육을 고민할 때 가장 중요한 것은 일방적인 영어 노출이 아니라 아이와의 상호작용을 전제로 한 언어 자극이 되어야 한다는 점이다. 영어 교육의 핵심은 아이가 단순히 영어를 듣는 것이 아니라, 자연스럽게 영어를 사용하고 반응할 수 있는 환경을 조성하는 것이라는 점을 기억하자.

영어 학습? 아니, 영어 노출부터!

이제 남은 방법은 부모와의 상호작용을 기반으로 한 영어 그림책과 영어 노래이다. 다행히 부모가 영어를 잘하지 않아도 큰 문제가 되지 않는다. 영어 그림책을 읽어줄 정도의 읽기 능력이면 충분하며 해석을 정확히 하지 않아도 괜찮다. 오히려 전문가들은 부모가 직접 해석을 해 주지 않아도 된다고 강조한다. 중요한 것은 아이가 자연스럽게 영어를 접하고 상호작용을 경험하는 것이다.

부모의 발음이 완벽하지 않아도 걱정할 필요가 없다. 요즘 영어 그림책들은 대부분 오디오 음원이 함께 제공되므로 영어 그림책을 펼쳐 놓고 함께 음원을 들으며 맞장구를 치거나, 발음에 상관없이 한두 문장씩 역할극을 하듯 말하며 놀아 주면 된다. 영어 동요 역시 마찬가지다. 간단한 영어 동요를 들려주면서 가사를 함께 따라 부르는 것만으로도 충분하다. 여러 번 반복해서 부르다 보면 자연스럽게 외우게 되고,

영어 리듬과 억양도 익숙해진다.

여기서 중요한 점은 영유아의 영어는 말을 듣는 것에서부터 시작된다는 사실이다. 따라서 영어를 공부하는 것이 아니라, 영어를 자주 들려주고 상호작용을 통해 자연스럽게 익히는 방식이 바람직하다. 그렇다면 언제부터 이런 방식의 영어 경험을 시작하는 것이 좋을까?

영어 교육에서 자주 언급되는 두 명의 대표적인 언어학자가 있다. 미국의 언어학자 렌버그(Lenneberg) 교수는 모국어 습득의 결정적 시기 이론을 외국어 습득에도 적용하여, 사춘기 이전이 언어 습득에 최적화된 시기라고 주장했다. 또 다른 언어학자인 노암 촘스키(Noam Chomsky)는 0세부터 13세까지 영어 습득 장치가 활성화되어 있으므로 이 시기가 가장 효과적이라고 보았다. 물론 성인이 되어서도 영어를 배울 수 있지만, 이때는 영어 노출이 아니라 '영어 공부'를 해야 한다는 것은 누구나 경험적으로 알고 있을 것이다.

영어 조기교육에 대한 논의에서 반드시 고려해야 할 또 하나의 중요한 요소가 있다. 바로 모국어 발달의 안정성이다. 부모가 각각 다른 모국어를 사용하는 이중언어 환경이 아니라면 우선적으로 모국어 발달이 안정적으로 이루어져야 한다. 전문가들은 일반적으로 18~24개월의 어휘 폭발기 동안 아이가 문장으로 한국어를 구사하기 시작한 이후, 영어 그림책과 영어 동요 노출을 점진적으로 시작하는 것이 좋다고 권장한다. 일부 전문가는 4세 이후가 적절하다고 보기도 한다.

그러나 문제는 모국어가 안정적으로 자리 잡은 후 영어 노출을 계획했지만, 아이가 영어 듣기를 거부하는 경우가 생각보다 많다는 점이다. 영어 그림책을 읽어 주려고 하면 엄마의 입을 막아 버리고, 영어 동요를 들려주려 하면 유튜브에서 한국 애니메이션을 틀어달라고 떼쓰는 상황이 종종 발생한다. 이러한 문제로 인해 부모들은 영어 노출 시기를 두고 혼란을 느낄 수밖에 없다.

하지만 조금 다르게 생각해 보자. 우리나라에서 '엄마표 영어'라는 용어가 널리 사용되면서 수많은 성공 사례들이 등장했다. 필자의 자녀들이 유아기였던 30여 년 전부터 이미 영어 그림책 읽어 주기가 시작되었고, 그만큼 부모가 직접 영어 노출 경험을 제공하는 것이 효과적이라는 근거도 축적되어 있다. 즉, 집에서 부모가 아이와 함께 영어를 접하는 방식이 충분히 성공 가능성이 있다는 것이다.

물론 나중에 초등학교 고학년 정도가 되면 영어를 학습해야 하는 시기가 올 것이다. 하지만 영유아기의 영어는 학습이 아니라 즐겁게 듣고 익숙해지는 과정이 되어야 한다. 주변에서 유아 대상 영어 학원을 다니는 아이가 몇 문장 영어로 말한다고 해서 조바심을 낼 필요도 없고, TV에 출연한 연예인의 자녀가 유아 영어 학원을 다녀 영어를 유창하게 말한다고 해서 흔들릴 필요도 없다.

결국, 영어 교육에서 중요한 것은 억지로 단어를 외우게 하거나 영어를 공부하는 방식으로 접근하는 것이 아니라, 우리말을 배우는 과정과 동일한 방식으로 영어를 접할 수 있도록 환경을 만들어 주는 것이다. 아이와 함께 영어 그림책과 동요를 활용한 즐거운 영어 경험을 만들어 가자.

그림책과 노래로 영어와 친해지기

24개월이 지나 스마트폰이나 태블릿을 보여 줄 때 영어 노래 영상을 보여 주면 좋겠다. 한 번에 두 곡, 세 곡, 약속을 정하고 약속대로 실행하면서 영어 노래를 들려주자. 아이가 좋아하는 노래를 반복적으로 듣는 방식이 더 좋다. 하루에 한두 번씩 한 달만 들려주어도 아이가 외워서 흥얼거리기 시작한다. 엄마, 아빠가 영어를 못해도 아이와 함께 영어 동요를 듣고 기억하며 함께 부르는 일은 즐겁다. 차를 타고 이동하거나 함께 산책을 할 때 우리 동요도 부르고 영어 동요도 부른다면 아이의 영어 습득은 잘 되고 있는 것이다.

여기에 더해 영어 그림책을 읽어 주자. 영어 원서를 번

역한 그림책들이 무척 많다. 앞에서 소개한 책들의 영어 버전을 구해 함께 읽어 주면 굳이 번역에 대한 고민을 할 필요가 없다.

다음에 권하는 영어 그림책으로 아이와 즐거운 영어 경험을 시작하면 좋겠다. 아쉬운 건 부모가 아이에게 영어 노출을 해 주면 아이의 영어 실력은 시간이 갈수록 늘어가지만, 부모의 영어 실력은 제자리인 걸 확인하게 된다는 점이다. 역시 언어는 어릴 적부터 상호작용하며 온몸으로 경험하는 것이 가장 바람직하다는 사실을 다시 확인하게 된다.

영어 노래 들려주기 방법은 책《현서네 유튜브 영어 학습법》(배성기 저)을 참고하자.《영어 그림책 매일 듣기의 기적》(고은영 저)에는 영유아기의 적절한 그림책들이 잘 소개되어 있다.《시골 할머니의 영어짱 손녀 만들기》(김신숙 저)는 영어에 자신 없는 부모를 위한 책이다. 아이와 영어로 상호작용을 하는 가장 쉽고 단순하지만 강력한 방법을 소개한다.

뿐만 아니라 인터넷에서 '영어 그림책 노출', '영어 동요' 등을 검색해도 매우 유용한 정보들을 많이 볼 수 있다. 다만 여기서 주의할 점이 있다. 처음에는 자연스러운 노출 경험을 강조하지만, 점점 레벨과 진도를 정해 아이의 수준을 끌어올리는 방식으로 유도하는 콘텐츠들이 있는데 이런 방식은 걸러 내어야 한다.

아이가 영어 노래와 영어 그림책을 즐긴다면 "또 들려

줘!", "또 읽어줘!"라고 자연스럽게 요구하게 된다. 그러나 만약 이 대상이 미디어라면 반드시 계획적인 시청 습관이 필요하다. 특히 유튜브의 경우, 옆에 자동 추천 영상이 계속 떠 있기 때문에 아이가 혼자 시청하다 보면 예상치 못한 자극적인 영상으로 넘어갈 위험이 있다. 따라서 부모가 반드시 함께 시청하며 내용을 조절하는 것이 중요하다.

만약 아이가 영어 동요를 듣거나 영어 그림책을 읽는 것을 싫어하고 짜증을 낸다면, 이는 아이가 영어 자체를 싫어하는 것이 아니라 오히려 부모가 아이에게 부담을 주거나, 아이가 원하지 않는 방식을 억지로 강요하고 있다는 증거일 가능성이 크다.

생각해 보면, 한국어 배우기를 거부하는 아이는 없다. 엄마가 불러 주는 한국 동요나, 엄마가 읽어 주는 한국어 그림책을 싫어하는 아이도 없다. 그와 같은 방식으로 자연스럽게 영어를 접할 수 있도록 환경을 조성해야 한다. 즉, 아이가 스스로 영어 그림책과 영어 노래를 흥미롭게 받아들일 수 있도록, 억지 학습이 아니라 즐거운 경험으로 만들어 주는 것이 핵심이다.

다음에 소개하는 그림책들은 이 시기 아이들이 쉽게 따라 말할 수 있는 영어 그림책들이다. 읽어 주는 영상도 검색해서 찾아볼 수 있으니 참고하기 바란다.

쉽게 따라 할 수 있는 영어 그림책

Hurry! Hurry!

Eve Bunting(글), Jeff Mack(그림), Houghton Mifflin Harcourt

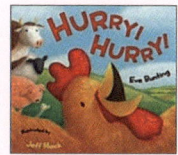

"Hurry! Hurry! Coming! Coming! Ready? Ready?"
동물들의 역동적인 상황 그림과 한 단어 문장이 귀에 쏙쏙 들어온다. 아이에게 몇 번만 읽어 주어도 한국말 배우듯이 쉽게 따라 말하기도 한다. 아이의 첫 영어 그림책으로 매우 좋다.

Oxford Reading Tree: Level 1+: First Sentences: Reds and Blues

Roderick Hunt(글·그림), Oxford University Press

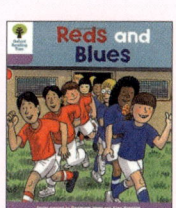

"We are all in Red. We are all in Blue. Come on the reds! Come on the blues!"
뚜렷한 색깔로 대비되는 문장이 두 번씩 반복되면서 이야기가 진행된다. 완전한 문장으로 표현하지만 번역하지 않아도 쉽게 이해되고 따라 말하기도 쉽다.

Brown Bear Brown Bear, What Do You See?

Bill Martin Jr.(글), Eric Carle(그림), Henry Holt & Company

제목 그대로 "Brown Bear Brown Bear, What do you See?"라고 질문하는 문장과 답하는 문장이 반복되는 구조다. 읽기만 해도 노래가 되고 운율이 있어 잘 기억하게 된다. 몇 번 반복하다 보면 아이가 노래처럼 흥얼거리기도 한다.

Funny Face

Nicola Smee(글·그림), Bloomsbury Childrens Books

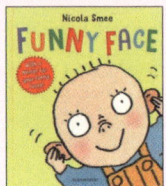

《재미있는 내 얼굴》의 원서다. 아이가 영어 그림책에 대한 거부감이 생겼다면 원서와 번역서를 번갈아 읽어 주는 방식으로 친밀감을 키우는 것도 좋다. 이 책을 통해 영어로 감정 어휘를 익힐 수 있다.

Dear Zoo

Rod Campbell(글·그림), Pan MacMillan

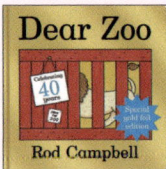

《안녕 내 친구》의 원서다. 한국어보다 영어로 읽어 주면 좀 더 실감 나는 느낌이 든다. 상자를 표현하는 어휘들과 반복된 문장을 읽는 즐거움이 있고 플랩을 열고 닫으며 보는 재미가 있다. 영어 표현에 익숙해지는 데 도움이 되는 책이다.

실천 포인트 **이야기의 결말을 상상하게 하세요**

① 인지 발달에 가장 도움 되는 방법은 내용을 이야기로 기억하는 방식이다. 아이가 스스로 이야기의 결말을 상상하면 더 효과적이다. 그림책을 읽으면서 뒷이야기를 상상하게 해 보자.

② 아이의 상상과 이야기가 다를 때는 아이의 이야기가 더 재미있다고 지지해 주자.

③ 아이가 말한 뒷이야기를 메모지에 적어 책 뒤에 붙여 두자. 읽을 때마다 대화를 나누면 이야기를 더 재미있게 만들 수 있다.

④ 읽는 과정에서 예측하기도 큰 도움이 된다. 어떻게 될까? 무슨 일이 벌어질까? 주인공은 어떻게 할까? 또 누가 나타날까? 그래서 어디로 가게 될까? 등의 질문을 응용해 보자.

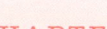

CHAPTER 7

30~36개월 | 관계를 배우는 절호의 타이밍!

사회성이 쑥쑥!
그림책 육아

친구랑 어떻게 놀지?
그림책이 들려주는 친구 만들기

놀이가 성장하는 만큼 사회성도 자란다

30개월이 지나면 어린이집에서 또래 친구들을 만나 함께 어울릴 기회가 많아진다. 이때 아이들이 노는 모습을 세심히 살펴보면 같은 공간에서 놀고 있음에도 불구하고 행동이 제각각이라는 점을 알 수 있다. 어떤 아이는 처음부터 친구에게 다가가 함께 놀지만 어떤 아이는 친구를 힐끔힐끔 쳐다볼 뿐 별다른 관심을 보이지 않고 혼자 노는 모습을 보인다. 선생님이 손을 잡아 주어야 겨우 친구와 상호작용을 하기도 한다.

이런 차이가 생기는 이유는 무엇일까? 이유 중 하나는

타고난 기질이다. 낯선 상황에서 쉽게 다가가는 아이가 있는 반면, 신중하게 관찰하는 시간이 필요한 아이도 있는 것이다. 또 다른 이유는 영유아기의 사회적 놀이가 발달 단계에 따라 변화하기 때문이다. 즉, 아이의 발달 단계에 따라서 또래와 상호작용하는 방식과 놀이 형태가 다를 수 있는 것이다. 따라서 아이가 또래와 잘 어울리지 않는다고 해서 성급하게 사회성이 부족하다고 판단하는 것은 옳지 않다.

미국 사회학자 밀드레드 파튼(Mildred Parten)은 사회적 놀이가 아이의 성장과 밀접한 관계가 있음을 발견하고 놀이의 발달 단계를 정리했다. 파튼은 놀이의 발달 과정이 곧 아이의 사회성이 발달하는 과정임을 강조하며 다음과 같은 여섯 단계로 정리했다.

첫 번째 단계는 비참여 행동(0~1.5세)이다. 이 시기의 아이는 놀이에 참여하기보다는 자신의 몸을 움직이며 놀거나 주위에서 관심이 가는 것들을 바라보며 탐색한다. 장난감을 만지작거리거나 엄마, 아빠를 모방하는 행동을 하지만, 아직 놀이로 보기 어려운 수준이다.

두 번째 단계는 방관자적 놀이(1.5~2세)이다. 아이는 다른 아이들이 노는 모습을 유심히 지켜보지만 직접적으로 놀이에 참여하지는 않는다. 가끔 말을 하거나 관심을 보이기도 하지만 어디까지나 관찰하는 것이 주된 행동이다.

세 번째 단계는 단독 놀이(2~2.5세)이다. 이때의 아이는 친구가 가까이 있어도 함께 놀기보다는 혼자 노는 모습을 보인다. 장난감을 가지고 자기 놀이에 몰두하며 옆에 있는 친구에게 말을 걸기도 하지만 함께 놀려는 시도는 거의 없다. 이는 아직 사회성이 충분히 발달하지 않은 상태로, 자기중심적인 사고가 강하기 때문이다.

네 번째 단계는 병행 놀이(2.5~3.5세)이다. 이 시기가 되면 아이는 친구들의 놀이에 관심을 가지기 시작한다. 옆에서 같은 놀이를 하기도 하지만 여전히 각자 따로 논다. 마치 함께 앉아 놀고 있는 것처럼 보이지만 서로 직접적인 상호작용을 하지 않는 경우가 많다.

다섯 번째 단계는 연합 놀이(3.5~4.5세)이다. 이 단계에서는 공동의 주제를 가지고 친구들과 어울리기 시작한다. 장난감을 공유하고 서로 질문하고 대답하는 등 상호작용이 활발해진다. 하지만 아직 조직적인 역할 분담이나 협력까지는 이루어지지 않는다.

마지막으로 협동 놀이(4.5세 이후) 단계에 이르면, 아이들은 공동의 목표를 가지고 좀 더 체계적이고 조직적으로 놀이를 한다. 놀이의 주제와 역할을 공유하고 자연스럽게 리더가 등장하여 놀이를 이끌기도 한다. 집단에 대한 소속감을 가지며 놀이의 결과물을 위해 협력하는 모습도 보인다. 이 단계에서 아이들은 진정한 의미에서의 사회적 놀이를 경험하며 성숙한 사회성을 발달시킨다.

정리하면, 처음에는 자신이 가지고 노는 장난감에만 집중하다가 점차 다른 아이들의 놀이를 관찰하고, 그다음에는 혼자 놀고, 이후에는 같은 놀이를 하면서도 각자 따로 놀고, 마침내 놀이를 공유하며 함께 놀다가, 최종적으로 공동의 목표를 위해 협력하는 놀이로 발전해 간다. 이러한 단계적 변화를 통해 사회성이 성숙해지는 것이다.

이처럼 아이의 놀이 발달이 원활하게 이루어진다면 사회성도 자연스럽게 성장한다. 따라서 아이가 아직 또래와 잘 어울리지 않는다고 해서 걱정하기보다는 현재 아이가 어떤 놀이 단계에 있는지를 이해하고 적절한 환경을 조성해 주는 것이 중요하다.

천천히, 하지만 확실하게! 아이의 사회성 키우기

하지만 위에서 설명한 놀이 발달 단계는 평균적인 연령 기준일 뿐이며 아이마다 사회성 발달 수준은 다르게 나타날 수 있다. 사회적 성숙도의 차이는 신체 발달이나 언어 발달과 마찬가지로 적절한 자극과 성공적인 사회적 경험을 통해 달라질 수 있는 것이다.

30개월 무렵에는 병행 놀이가 가장 흔히 나타나지만, 모든 아이가 같은 속도로 발달하는 것은 아니다. 어떤 아이는 또래보다 빠르게 사회성을 발달시키고, 어떤 아이는 더 많은 시간이 필요할 수도 있다. 하지만 놀이 발달이 평균보다 느리다고 해서 반드시 문제가 있는 것은 아니다. 이는 아이가 선천적으로 부족해서가 아니라 적절한 사회적 자극이 충분하지 않았을 가능성이 더 크다.

아이는 저절로 성장하지 않는다. 부모가 얼마나 자주 놀아주고 상호작용하는지에 따라 사회성 발달 속도는 자연스럽게 차이가 날 수밖에 없다. 따라서 평균적인 놀이 발달 단계보다 조금 느리다고 걱정하기보다는 현재 아이의 발달 단계에 맞춰 적절한 사회적 자극을 더해 주는 것이 가장 바람직한 접근법이다.

부모들은 종종 아이의 기질이 사회성 발달에 영향을 미친다고 생각한다. 예를 들어, 순한 기질의 아이는 친사회적이고, 까다롭거나 반응이 느린 기질의 아이는 사회성이 부족할 것이라고 판단하기도 한다. 그러나 기질은 사회성 발달을 결정짓는 절대적인 요소가 아니다.

이를테면 내향적인 아이라고 해서 친구 사귀기가 어려운 것은 아니다. 단지 천천히 다가가고 소수의 친구와 깊이 어울리는 성향을 보일 뿐이다. 외향적인 아이라고 해서 반드시 친구를 잘 사귀는 것도 아니다. 오히려 충동성이 높거나 감정을 조절하는 능력이 부족하면 또래 관계에서 어려움을 겪을 수도 있다. 즉, 기질이 사회성 발달에 영향을 미칠 수는 있지만 사회성이 부족하다는 것을 의미하지는 않는다. 이보다는 아이의 성격이 성숙해지는 것이 더 중요한 요소다.

사회성이 발달한 아이의 특징을 떠올려 보면 건강한 심리적 능력을 갖춘 아이가 사회적으로도 원활하게 관계를 맺을 가능성이 크다. 사회성이 좋은 아이들은 밝고 긍정적인 정서를 가지며 미소를 잘 짓고 상대방에게 호감을 표현한다. 또한 속상한 일을 겪어도 스트레스에 유연하게 대처하고, 상처받거나 좌절해도 쉽게 회복하는 회복탄력성을 가지며 친구와 의견이 다르거나 놀이에서 져도 감정을 조절할 수 있는 능력이 있다. 특히 다른 사람의 감정을 잘 이해하고 공감하는 능력이 높은 아이가 사회성도 잘 발달할 가능성이 높다. 그러므로 부모는 아이의 사회성 발달 속도를 걱정하기보다 아이가 안정적인 심리를 바탕으로 건강한 사회성을 키울 수 있도록 도와주어야 한다. 한편, 유아기에는 여아가 남아보다 친사회성이 조금 더 높다는 경향이 있지만, 결국 사회성을 결정하는 것은 심리적 능력들이다.

건강한 사회성 키워 주기

사실 아이의 사회성을 키우는 가장 좋은 방법은 뭐니뭐니 해도 '모방'이다. 아이는 주변 사람들의 행동을 관찰하고 그대로 흉내 내면서 자신의 행동 방식을 만들어 간다. 모방은 인지적 요인의 개입 없이 자동적으로 저절로 이루어지는 과정이다. 따라서 아이가 가장 처음 접하는 세상, 즉 부모와 함께하는 시간 동안 건강한 사회성을 자주 경험한다면, 아이는 이를 저절로 배우게 된다. 엄마, 아빠가 서로에게 친절하고 의견을 묻고 존중하며 배려하는 모습, 밝고 건강하게 서로를 도와주고 협력하는 모습을 보고 자란다면 아이의 사회성은 안정적으로 발달할 것이다. 반대로, 부모가 갈등을 자주 일으키고 서로를 존중하지 않는 모습을 보이면 아이의 사회성에도 부정적인 영향을 미칠 수 있다. 이러한 사실을 늘 염두에 두자.

다음으로 아이의 사회성을 키우는 방법은 바람직한 행동을 강화하는 것이다. 미성숙한 행동을 혼내기보다는 올바른 행동을 했을 때 지지하고 칭찬해 주는 것이 훨씬 효과적이다.

또한 그림책을 통한 간접 경험도 사회성을 키우는 좋은 방법이다. 그림책 속 다양한 이야기를 통해 아이는 자연스럽게 친구의 개념을 익히고 함께 놀이하는 방법을 배울 수 있다. 부모의 말과 행동을 모방하듯 아이는 그림책 속 등장인물의 행동도 따라 하려는 경향이 있다.

그림책을 읽으며 아이는 친구와 손잡는 방법을 배우고, 친구의 이름을 부르거나 "같이 놀자."라고 말하는 연습을 할 수 있다. 함께 노는 과정에서 필요한 감정 표현과 대화 방식도 그림책을 통해 자연스럽게 습득하게 된다. 이 시기의 아이는 보고 듣는 것을 빠르게 흡수하는 시기이므로 좋은 그림책을 활용해 사회성을 길러 주는 것이 매우 중요하다.

단, 한 가지 주의할 점이 있다. 사회성을 이야기할 때 흔히 배려와 양보를 강조하지만 사회성의 발달 순서를 고려하지 않으면 오히려 역효과를 낼 수 있다. 많은 부모가 아이에게 친구를 배려하고 양보하는 법을 먼저 가르치려 하지만, 이는 사회성 발달 과정에서 나중에 배워야 할 단계이다.

어린아이에게 가장 먼저 필요한 것은 자신의 놀이에 집중하고 친구의 놀이에 관심을 가지는 것이다. 또한 친구와 함께 놀고 싶다는 마음이 들고 놀이하는 과정에서 자신의 감정과 생각을 표현할 줄 알아야 한다. 그런 다음 친구와 협력하고 조율하며 자연스럽게 배려와 양보의 개념을 익히게 된다.

아직 자신의 감정을 온전히 이해하지 못하는 아이에게 배려와 양보를 강요하면 이는 심리적 스트레스로 작용할 수 있다. 자신의 마음을 보살피는 법을 배우지 않은 아이가 참고 나누는 것은 감정적으로 부담이 될 수 있기 때문이다.

사회성을 키워 주는 그림책

꼭꼭 손잡기 놀이
기무라 유이치(글·그림), 웅진주니어

'친구 이름 부르기'와 '함께 손잡기'는 친구를 사귀는 데 가장 기본적인 사회적 언어와 행동이다. 이 책의 주인공 야옹이, 멍멍이, 삐악이, 돌돌이, 다슬이는 서로서로 손잡자고 제안하고, 친구가 내민 손을 반갑게 마주 잡는다. "강아지 멍멍아, 우리 손잡자." 이러한 말과 행동이 모든 친구 관계의 시작이 된다. 의외로 많은 아이들이 친구 이름 부르기를 쑥스러워한다. 따라 말하며 역할극 하듯 놀다 보면 저절로 친구 사귀는 방법을 배울 수 있다.

나뭇잎이 달아나요
올레 쾨네케(글·그림), 시공주니어

아이들이 친구와 어떻게 어울리는지 가장 간단하고 명료하게 보여 주는 그림책이다. 나뭇잎을 긁어모으던 안톤이 지금 막 떨어진 나뭇잎을 잡으려다가, 갑자기 불어온 바람에 달아나는 나뭇잎을 쫓아간다. 뛰어가는 안톤의 모습을 본 아이들이 하나둘 합류하며 함께 나뭇잎을 쫓아가는 행렬이 점점 길어진다. 서로의 행동을 따라 하며 함께 달려가는 이야기를 읽으며 아이는 즐거움과 함께하는 든든함을 자연스럽게 경험한다. 복잡한 설명 없이 아이들의 순수한 놀이 본능과 친구 관계의 본질을 보여 주어 절로 따뜻한 미소를 짓게 만드는 그림책이다.

너도 친구를 찾고 있니?
마리아 S. 코스타(글·그림), 키즈엠

나무집에 새로 이사 온 파란 다람쥐는 놀이터에서 친구를 만나기를 기대한다. 하지만 아무도 없다. 새로 이사 온 토끼도 마찬가지였다. 둘 다 혹시 이 숲속에 자기만 있는 건 아닌지 걱정하기 시작한다. 과연 둘은 친구를 만날 수 있을까? 만나서 친해질 수 있을까? 친구를 얻으려면 스스로 찾아야 하며 친해지기 위해서는 노력이 필요함을 잘 알려 주는 책이다. 그저 친구가 다가오기만을 바라는 아이들에게 특히 좋은 모델이 될 수 있는 그림책이다.

옴짝달싹 못 하겠어!
줄리아 밀스(글·그림), 국민서관

거북이가 뒤집혀서 옴짝달싹 못하는 난처한 상황으로 이야기가 시작된다. 바둥바둥 움직여도, 빙글빙글 돌아봐도 다시 뒤집을 수가 없어 당황스러운 거북이 앞에 여러 동물 친구들이 나타난다. 오리는 발을 팔락팔락 흔들어 보라 하고 캥거루는 꼬리를 움직여 보라 조언하지만 모두 소용이 없다. 그런데 마지막에 나타난 주머니쥐는 전혀 다른 질문을 던진다. 해결책보다 친구의 마음에 대한 호기심과 공감을 표현하는 것이다. 이 그림책은 공감하고 지켜 주는 친구의 중요성을 자연스럽게 깨닫게 해 준다. 반복해서 읽으며 누가, 어떤 도움을 주었는지 기억 놀이 대화를 나누어 보기에도 좋은 그림책이다.

코끼리와 버릇 없는 아기
엘프리다 비퐁(글), 레이먼드 브릭스(그림), 보림

아기 코끼리는 어른들의 질문에 무조건 반말로 대답한다. 뿐만 아니라 가게에서 아이스크림도, 고기 파이도 마음대로 가져가 버린다. 그 뒤를 쫓는 사람들, 반복되는 상황, 그리고 재미있는 의성어·의태어가 이야기에 흥미를 더하며 쫓고 쫓기는 긴박한 장면들이 몰입감을 높인다. 이 책을 읽다 보면 자연스럽게 사회적 언어와 규칙을 배울 수 있다. 반말로만 대답하던 아이가 책을 읽으며 "네."라고 예쁘게 말하는 순간을 기대해도 좋다. 이 책은 단순한 유쾌한 이야기를 따라서 규칙을 지키는 것의 중요성을 자연스럽게 깨닫게 해 주는 그림책이다.

규칙이 놀이가 되는
그림책의 마법

사회성도 그림 그리기처럼 연습이 필요하다

"30개월 된 아이가 어린이집에서 놀다가 갑자기 친구를 때려요. 특별한 사건이 없는데도 왜 그러는 걸까요? 친구가 노는 장난감을 그냥 가져가서 안 된다고 말하면 갑자기 소리를 지르고 운다고 해요. 놀이터에서는 그네에 다른 아이가 타고 있는데도 당장 타겠다고 소리치고 기다리질 못해요. 아무리 순서를 기다려야 한다고 말해도 듣지를 않네요. 어떻게 해야 나아질까요?"

30개월이 지나면 아이는 말을 더욱 또렷하게 하며 자기 생각을 뚜렷이 표현하고 주장하기 시작한다. 발달적으로 보면 매우 바람직한 변화지만 아직 사회적 규칙과 질서는 잘 모른다. 자신이 원하는 것이 있다면 그것이 다른 아이가 갖고 노는 장난감이라도 그냥 가져와도 되는 줄 알고, 그네를 타기 위해 기다려야 한다는 개념도 아직 익숙하지 않다. 물론 부모가 여러 번 설명해 주었겠지만 아이가 이를 실제로 받아들이고 실천하는 것은 또 다른 문제다.

결국 아이는 부모에게서 사회적 규칙과 질서를 배우고 이를 실천해야 하는 과제를 안게 된다. 하지만 이 과정에서 중요한 점은 말로 설명했다고 해서 아이가 배우는 것이 아니라는 것이다. 부모의 말을 기억할 수는 있지만 그 내용을 이해하고 실천해야 한다는 사실까지 깨닫지는 못하는 경우가 많다. 따라서 아이가 규칙을 어기거나 부모의 말을 따르지 않는다고 해서 일부러 반항하는 것은 아니다.

아이의 사회성 발달 과정은 그림을 그리는 과정과 비슷하다. 처음에는 선을 곧게 긋는 것조차 어려워하지만 부모가 손을 잡고 여러 번 연습을 도와주면 점차 스스로 선을 그을 수 있게 된다. 그리고 시간이 지나면 동그란 얼굴에 눈, 코, 입을 그리고 "엄마를 그렸어요!"라고 말하며 자랑스러워한다. 사회성도 마찬가지다. 꾸준한 연습과 반복을 통해 발달하는 과정임을 기억하자.

이와 관련한 사례를 하나 살펴보자. 한 아이가 놀이터에서 엄마가 자기 그네를 밀어 주다가 옆에 앉아 있는 아이를 잠시 도와주자 "하지 마!"라며 강하게 반응한다. 엄마는 "왜 이렇게 욕심이 많을까?" 하고 의아해하지만, 사실 아이 입장에서는 불편한 감정이 드는 것이 당연하다.

아이는 엄마가 왜 다른 아이를 도와주는지에 대한 이유를 이해하지 못한다. 단순히 '우리 엄마가 나를 두고 다른 아이를 챙긴다.'라는 생각이 먼저 들고, 그로 인해 불안과 질투심이 생긴 것이다. 이제 엄마가 할 일은 아이의 감정을 인정해 주면서도, 바람직한 사회적 행동을 가르치는 것이다. 이때 엄마는 잠시 생각을 하다 이렇게 말했다.

"친구 엄마가 동생을 돌보느라 그네를 밀어 주지 못하고 있잖아. 그래서 엄마가 잠깐 도와준 거야. 괜찮아."

하지만 아이는 여전히 고개를 저으며 "아니야! 하지 마!"라고 외친다. 왜 그럴까?

엄마는 주변 상황을 한눈에 파악하고 도와주는 것이 좋겠다고 판단했지만, 아이는 아직 전체 상황을 조망할 능력이 부족하다. 다른 아이가 그네를 혼자 탈 수 없는 이유도, 엄마가 배려하는 이유도 이해하지 못한다. 그저 '엄마가 나보다 다른 아이를 더 챙기는 건 아닐까?'라는 불안이 먼저 들 뿐이다.

이럴 때는 어떻게 해야 할까? 엄마는 잠시 고민하다 아이에게 이렇게 말했다.

"엄마 손이 두 개 있잖아. 오른손으로 널 밀어 주고 있어. 왼손이 남았네. 이 손으로 친구도 밀어 줄게."

그러자 신기하게도 아이는 더 이상 불만을 제기하지 않았고, 엄마는 아이와 친구를 번갈아 밀어 주며 즐겁게 놀 수 있었다.

이처럼 아이에게 사회적 개념을 가르칠 때는 직접적인 경험과 시각적인 설명이 필요하다. 엄마 손이 두 개 있으니 친구도 도와줄 수 있다는 말은 아이가 받아들이기에 훨씬 쉽다.

놀이터에서 그네를 타고 싶어 하지만 차례를 기다리지 못하는 아이는 어떻게 가르쳐야 할까? 우선 아이의 즉각적인 욕구를 진정시키는 것이 중요하다. 이를 위해 부모는 주의를 다른 곳으로 돌려야 한다. 예를 들어, "기다리는 동안 노래 부르자!" 하며 아이가 좋아하는 노래를 함께 부른다. "그네 타고 나면 뭐 하고 놀까?" 하며 다음 놀이를 계획하도록 유도해도 좋다. 친구가 몇 번을 타고 내리는지 함께 숫자를 세며 기다리는 연습을 하는 것도 좋은 방법이다. (아이가 숫자를 모를 경우, 엄마가 함께 "하나, 둘, 셋…"을 세어 준다.) 특히 숫자를 세며 기다리는 방식은 아이의 마음을 조절하는 데 큰 도움을 준다. 나중에 혼자서도 감정을 다스리는 데 유용한 방법이 될 수 있다. 또한 부모가 먼저 타고 있는 아이들에게 직접 제안을 해 볼 수도 있다. "동생들이 기다리고 있으니까 20번 타고 교대로 바꾸면 어떨까?" 이러한 방식은 자연스럽게 기다리는 법과 배려하는 태도를 배울 수 있도록 도와준다. 무엇보다 중요한 것은, 부모가 먼저 좋은 모델이 되어야 한다는 것이다. 어른들이 아이들에게 배려하는 모습을 보이면 아이도 자연스럽게 그러한 태도를 익히게 된다.

아이의 사회성을 키우는 규칙 교육, 어떻게 가르칠까?

아이가 여러 가지 방법을 시도해도 여전히 기다리는 것을 힘들어한다면 차라리 그 자리를 벗어나는 것이 더 나은 선택일 수 있다. 이때 부모는 아이에게 이렇게 말해 줄 수 있다.

> "기다리기 힘들면 안 기다려도 돼. 대신 우리 다른 곳으로 가서 놀자."

이러한 말은 아이에게 사회적 질서와 규칙을 반드시 지켜야 한다는 점을 가르치면서도 동시에 자신의 감정을 조절하는 방법을 배워야 한다는 중요한 교훈을 준다. 사회성 발달은 단순히 친구들과 잘 어울리는 능력이 아니다. 자신의 감정과 생각을 인식하고 표현하며 조절하는 것, 그리고 타인의 감정과 생각을 이해하며 상호 협의하는 과정 자체가 사회성의 핵심이다.

예를 들어, 그네를 타기 위해 기다리는 상황이라면 아이가 기다림을 힘들어할 때 그냥 짜증을 내는 것이 아니라 자신의 감정을 올바르게 표현하는 방법을 가르쳐야 한다.

또 다른 상황을 살펴보자. 엄마와 아이가 놀이터에서 그네를 타고 있다. 마침 두 개의 그네가 모두 비어 있어 엄마도 함께 앉아 아이와 노래를 부르며 즐거운 시간을 보내고 있었다. 그런데 한 아이가 놀이터로 들어오자 엄마는 자연스럽게 자리에서 내려 그네를 비켜주었다. 그러자 아이가 갑자기 소리쳤다. "아니야! 엄마, 내리지 마!" 이럴 때가 바로 아이에게 사회적 규칙을 가르칠 절호의 기회다.

"놀이터는 아이들이 사용하는 공간이야. 엄마는 그네가 비어 있어서 잠깐 앉았던 거야. 그런데 이제 다른 친구가 왔으니까 어른은 내려야 해."

아이는 엄마와 함께 그네를 타는 것이 즐거워서 아쉬움을 느낄 수 있다. 하지만 부모가 반드시 그런 감정까지 깊이 공감해 주지 않아도 된다. 중요한 것은 아이가 반복적으로 이러한 상황을 경험하면서 자연스럽게 사회적 규칙을 익힌다는 점이다. 몇 번만 이 원칙을 설명해 주면, 어느 날 아이 스스로 같은 상황에서 이렇게 말할 것이다.

"엄마는 그네 타다가 친구가 오면 내려야 하는 거지!"

이처럼 작은 경험들이 쌓이며 아이는 사회적 질서와 규칙을 이해하게 된다.

사회라는 거대한 조직은 수많은 규칙과 질서 속에서 돌아간다. 만약 자동차가 신호를 무시하고 제멋대로 달린다면 어떤 일이 벌어질까? 마찬가지로 아이들의 세계에서도 질서와 규칙은 중요한 역할을 한다.

이러한 원칙을 배우지 못한 채 성장한 아이들은 친구들과 어울리는 데 어려움을 겪을 가능성이 크다. 규칙을 무시하고 자신의 욕구만을 앞세우는 아이는 또래 관계에서 점점 멀어질 수밖에 없다. 그리고 이는 심리적 문제로까지 이어질 수 있다.

아이의 건강한 사회성을 키우기 위해서는 일상 속에

서 자연스럽게 질서와 규칙을 가르쳐야 한다. 예를 들어, '사람을 만나면 인사를 한다.', '화장실에서도 줄을 선다.', '의자에 올라갈 때는 신발을 벗는다.', '쓰레기는 반드시 쓰레기통에 버린다.' 등 사소해 보이는 행동들이 아이에게는 사회적 규칙을 익히는 기회가 된다. 하지만 일상에서 모든 상황을 경험하게 할 수는 없다. 따라서 아이가 다양한 사회적 규칙을 배울 수 있도록 그림책을 활용하자. 흥미로운 이야기 속에서 아이는 자연스럽게 질서와 규칙의 중요성을 깨닫고, 이를 실생활에서 적용할 수 있게 될 것이다.

질서와 규칙을 배우는 그림책

별을 사랑한 두더지

브리타 테켄트럽(글·그림), 봄봄출판사

땅 속에 사는 두더지는 가끔 너무 깜깜하고 외로움을 느낀다. 어느 날 바위에 올라 별똥별을 보며 하늘의 별을 모두 갖고 싶다는 소원을 빈다. 그러자 갑자기 하늘까지 닿는 사다리가 사방에 솟아나고, 두더지는 하늘의 별들을 모두 따서 집으로 가져온다. 온통 별빛으로 가득한 두더지의 집은 너무 밝고 아름답지만, 별빛이 사라진 땅 위에서는 예상치 못한 일들이 벌어진다. 이 그림책은 한 개인의 소망은 순수하더라도, 그 과정이 타인에게 피해를 주어서는 안 된다는 중요한 메시지를 담고 있다. 욕심, 겸손, 배려, 용기에 대해 자연스럽게 깨닫게 하는 이야기와 따뜻하고 예쁘고 정감 있는 그림이 아이들의 마음에 깊이 와닿는 그림책이다.

바나나 선생님

도쿠다 유키히사(글), 야마시타 고헤이(그림), 북뱅크

새로 오신 바나나 선생님이 아이들과 바깥 놀이를 나선다. 놀이터에는 "저리 가, 안 돼."라며 서로 양보하지 못하고 질서도 규칙도 없이 다투는 아이들이 많다. 그러자 "그러지 말고 다 같이 놀자. 애들아, 이리 다 모여."라며 아이들을 모이게 한 바나나 선생님은 자신이 미끄럼틀이 되고 출렁다리가 되어 주며 아이들과 신나게 논다. 아이들이 다투는 이유도 사실은 더 재밌게 놀고 싶어서이다. 이 책은 아이들 마음의 핵심을 짚어 주고 질서와 규칙을 지키면서도 즐겁게 놀 수 있다는 큰 그림을 마음에 심어 준다.

네 차례야!

마리안느 뒤비크(글·그림), 고래뱃속

숲속 동물 친구들이 모여 공놀이를 하다 공이 풀숲 뒤로 떨어지는데, 거기서 알 하나를 발견한다. 친구들은 모두 모여 의논하기 시작한다. 여기에 이대로 둘까? 집으로 데려갈까? 그러다 서로 자기 집으로 데려가겠다고 나선다. 그때 알이 중요한 말을 해 준다. "차례대로!" 그리고 자신을 처음 발견한 생쥐에게 첫 번째 기회를 준다. 더 이상 다투지도 욕심 내지도 않고 동물들은 자기 차례가 왔을 때 자신의 특색을 살려 정성을 다해 보살피며 작은 새를 키워 간다. 작은 새가 자신의 정체성을 찾아가는 모습도 감동적이다.

다음엔 너야

에른스트 얀들(글), 노르만 융에(그림), 비룡소

문 앞에 다섯 친구가 의자에 나란히 앉아 있다. 가만히 살펴보니 모두 다치거나 상처가 있는 모습이다. 문이 열리고 한 명이 나오면, 다음 한 명이 들어가는 과정이 반복된다.
이 책은 이러한 반복된 과정을 통해 병원에서 치료받기 전의 초조하고 두려운 마음을 아이의 시선으로 섬세하게 표현하고 있다. 무엇보다 온 순서대로 앉아서 기다리다가 자기 차례가 되면 문 안으로 들어가는 과정이 자연스럽게 그려져 있다. 병원을 무서워하는 아이들의 마음을 보듬어 주는 그림책으로 알려져 있지만, 동시에 순서와 차례의 개념을 명확하게 알려 주어 사회성 발달에도 도움이 되는 그림책이다.

들어와

민병권(글·그림), 길벗어린이

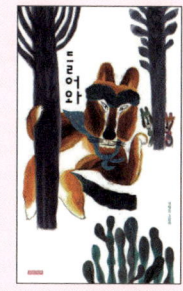

그림책을 펼치면 늑대가 말을 건넨다. "왔어?", "잘 봐." 그러고는 중요한 여섯 단계의 행동 규칙을 알려준다. "뛰고, 뒤돌고, 눈 감아. 땅 짚고 박수 짝짝, 그리고 마지막에 만세!" 여기서부터 줄에 걸리거나 동작이 틀리면 죽는 긴장감 넘치는 상황이 펼쳐진다. 사실 이것은 바로 단체 줄넘기 놀이다. 모두 함께 뛰어야 하고 한 명이라도 실수하면 위험에 처한다. 그럼에도 가장 중요한 규칙 한 가지는 단 한 명만 살아남아도 모두가 살 수 있다는 것이다. 여섯 가지 규칙을 잘 기억해서 과연 모두가 무사히 늑대에게서 살아남을 수 있을까? 단체 줄넘기라는 놀이를 단순하지만 흥미진진한 모험 이야기로 재해석한 독창적인 그림책이다.

공감력과 배려를
키우는 이야기의 힘

보고 듣는 대로 사회적 기준을 만드는 아이들

아이를 키우다 보면, 어느 순간부터 아이가 사람과 상황을 이해하는 능력이 몇 개월 전과 비교해 훨씬 성장했음을 깨닫게 되는 때가 있다. 예를 들어 '모방'의 단계를 지나면 아이는 행동을 관찰하고 이를 스스로 판단하는 '관찰'의 단계로 나아간다.

모방과 관찰의 가장 큰 차이점은 행동을 수동적으로 따라 하느냐, 아니면 능동적으로 판단하고 선택하느냐에 있다. 모방은 단순히 본 것을 그대로 재현하는 수준이지만, 관찰은 따라 하기를 넘어 그 행동을 실제로 따라 할지 말지를 스스로 판단하는 과정까지 포함한다. 즉, 아이가 점차 외부 환경에서 접하는 정보를 바탕으로 행동의 기준을 세우기 시작하는 것이다.

그렇다면 아이들은 어떤 기준을 바탕으로 사회적으로 바람직한 행동과 그렇지 않은 행동을 판단할까? 어떤 행동이 인정받고 지지받는 행동인지, 어떤 행동이 금지되는 행동인지에 대한 기준을 어디에서 배우는 것일까?

이 질문에 대한 답을 찾기 위해 심리학자 앨버트 반두라(Albert Bandura)의 유명한 보보인형 실험을 살펴보자. 반두라는 아이들의 행동이 환경에 따라 어떻게 달라지는지를 연구하기 위해 실험을 진행했다. 실험 대상은 3~6세 아이들이었고 실험 방식은 다음과 같았다.

우선 아이들은 혼자서 한 방에 들어가 짧은 영상을 보게 된다. 영상 속에서 한 어른이 커다란 오뚝이 인형인 보보인형을 공격하는 장면이 나온다. 어른은 보보인형을 주먹으로 때리고, 장난감 망치로 내려치고, 발로 차고, 위에 올라타며 소리친다. 여기까지는 모든 아이들이 동일한 영상을 본다. 그러나 이후 영상의 결말이 세 가지 버전으로 나뉘고, 아이들은 무작위로 세 그룹으로 나뉘어 다음과 같이 각기 다른 영상을 시청한다.

① 첫째 집단: 공격성에 보상 주기. 영화 끝 장면에 다른 어른이 나타나 보보인형을 때린 모델에게 "강한 챔피온"이라 부르며 칭찬하고 초콜릿과 음료수 등 선물을 주는 영상
② 둘째 집단: 공격성을 처벌하기. 다른 어른이 모델을 혼내고 욕하고 때려 주어 겁을 먹도록 하는 영상
③ 셋째 집단: 모델의 공격적 행동에 대하여 상이나 벌 중 아무것도 주지 않는 영상

영상이 끝난 후에 세 집단의 아이들은 한 명씩 보보인형과 망치, 그리고 다른 장난감들이 있는 방으로 안내되었다. 실험자는 일방경을 통하여 아이들이 모델의 공격적인 행동을 얼마나 어떻게 모방하는지 관찰하였다. 과연 각각의 영상을 본 아이들은 어떻게 반응하였을까?

① 공격성을 보상받은 어른을 보았을 때 아이들은 모델이 행한 대로, 혹은 더 공격적으로 보보인형을 공격했다.
② 공격적 행동에 대해 벌받는 어른을 본 아이들은 공격적 행동을 하는 걸 꺼려했다. 오히려 세 번째 집단보다 공격성을 덜 보였다.

③ 공격 행동에 대해 보상받지도 혼나지도 않은 중립적 모델에 노출된 아이들의 공격성은 중간 정도였다.

이 실험에서 우리는 중요한 의미를 찾을 수 있다. 아이들은 단순히 보는 것만으로도 행동에 영향을 받지만, 특히 보상이나 처벌의 결과를 관찰했을 때 그 영향을 더욱 강하게 받는다는 사실이다. 이 실험의 결과를 보면, 아이들은 모두 동일한 공격적 행동을 관찰했음에도 불구하고 그 행동이 칭찬을 받았는지, 꾸지람을 들었는지, 혹은 아무런 반응을 받지 않았는지에 따라 실제 행동으로 나타나는 방식이 달랐다.

심리학자 로웰 후스만(Rowell Huesmann)이 진행한 종단 연구에서도 비슷한 결과가 나타났다. 유년기와 아동기에 폭력적인 장면을 자주 접한 사람들은 성인이 되어서도 폭력적인 행동을 보일 가능성이 높았다. 이는 아이의 사회적 특성이 성장 환경에 따라 크게 달라질 수 있다는 점을 시사한다. 또한 문제 행동에 대한 사회적 반응이 아이의 학습 과정과 사회성 발달 방향에 영향을 미친다는 점도 확인할 수 있다.

결국 아이가 친사회적 행동을 자주 접하고 바람직한 행동의 기준을 경험하는 것이 중요하다. "이럴 때는 이렇게 행동하는 것이 옳아.", "이런 행동이 좋은 것이고, 이런 행동은 바람직하지 않아." 같은 판단 기준을 자연스럽게 배울 수 있도록 다양한 사회적 상황을 경험하게 해 주어야 하는 것이다.

공감받은 아이가 공감하는 아이로 자란다

또 한 가지 주목해야 할 점이 있다. 바로 0~3세 시기의 아이에게 가장 중요한 사회성 발달 요소인 '공감 능력'이다. 공감이란 타인의 감정과 생각을 그 사람의 입장에서 이해하고 느끼는 능력을 의미한다. 하지만 여기서 조금 더 깊이 들여다볼 필요가 있다. 공감에는 크게 두 가지 종류가 있다.

첫째는 정서적 공감으로, 타인의 감정이나 고통에 즉각적인 감정적 반응을 보이며 함께 느끼는 능력이다. 어떤 장면을 보고 눈물이 울컥 솟거나 가슴이 아려 오는 것이 이에 해당한다. 감정적으로 깊이 공감한 경험이 많을수록 타인의 감정을 더 잘 이해할 수 있는 기반이 마련된다.

둘째는 인지적 공감으로 상대방의 입장과 상황을 논리적으로 이해하고 적절한 행동을 할 수 있는 능력이다.

예를 들어, A라는 아이가 바닥에 있던 블록을 피하려다 넘어졌을 때, B 친구는 "아파? 반창고 발라줄까?"라며 다가간다. 이는 상대의 고통에 즉각 반응하는 정서적 공감의 예이다.

반면, C라는 아이는 말없이 상황을 살핀 후, 조용히 블록을 치운다. 이는 상대가 다시 넘어지지 않도록 문제를 해결하는 인지적 공감의 예이다. 따라서 아이가 어느 공감을 더 잘하는지 먼저 파악하는 것도 필요하다.

부모가 먼저 이러한 공감의 개념을 올바르게 이해하는 것은 중요하다. 최근 MBTI 성향 분석이 유행하면서, 감정형(F, Feeling)은 공감을 잘하고, 사고형(T, Thinking)은 공감 능력이 부족하다는 오해가 널리 퍼져 있지만 이는 사실이 아니다.

감정형 성향의 사람들은 원칙보다는 정서적 측면을 중시하고 즉각적인 감정 교류를 중요하게 생각한다. 하지만 때로는 감정에 치우쳐 판단을 흐릴 위험이 있다.

사고형 성향의 사람들은 감정보다 객관적 사실과 논리에 주목하고, 원칙을 기준으로 공정하게 판단하려 한다. 그러나 이 과정에서 차갑고 냉정하다는 인상을 줄 수도 있다.

이러한 감정형과 사고형이라는 지표는 대상과 상황을 판단하고 결정을 내릴 때 감정과 사고 중에서 어떤 것을 더 선호하는지를 알려주는 경향을 말하는 것뿐이다. 그러니 감정형은 공감을 잘하고 사고형은 공감을 못한다는 말은 올바른 표현이 아니다.

결국 상대의 감정에 공감하는 정서적 공감과 상황을 논리적으로 판단하여 상대의 입장을 이해하는 인지적 공감능력 둘 다 발달해야 한다. 특히 상대방 관점에서 이해하고 생각하는 인지적 공감은 실제 사회적 상황의 갈등을 해소하고 협력하는 단계로 나아가는 데 매우 중요한 능력이다.

따라서 아이의 공감 능력을 키울 때 부모가 유의해야 할 점은 눈앞에서 벌어진 사건에 대한 감정적 공감뿐만 아니라, 사회적 상황을 이해하는 인지적 공감 능력도 함께 길러야 한다는 점이다. 하지만 정서적 공감과 인지적 공감이 발달하는 시기는 다르다는 점을 놓쳐서는 안 된다. 많은 부모들이 이를 고려하지 않고 아이의 연령에 맞지 않는 공감 능력과 사회성을 요구하는 경우가 많다.

미국의 사회심리학자 마틴 호프만(Martin Hoffman)은 공감의 발달을 다음 표와 같이 네 단계로 구분했다. 아이의 시기별 공감 발달 과정을 차근차근 살펴보자.

아기 앞에서 아파서 우는 척을 해 본 적이 있는가? 생후 12개월 전후가 되면, 엄마가 울먹이는 모습을 보였을 때 아기가 다가와 엄마의 어깨에 손을 올리거나 눈을 맞추며 달래려는 행동을 보이기 시작한다. 부모에게는 참으로 감동적인 순간이다. 이제 겨우 한 살이 된 아기가 부모를 위로하려는 모습을 보인다는 사실이 놀랍기도 하다. 이처럼 아이는 점차 타인의 감정을 이해하고 반응하는 능력을 키워 가며 정서적 공감 능력이 발달하기 시작한다.

연령	단계	공감 발달 과정
1단계 (출생~12개월)	총체적 공감단계	• 자신과 타인을 구분하지 못함 • 신생아실에서 한 아기가 울면 다른 아기도 따라 우는 행동을 함
2단계 (1~2세)	자아중심적 공감단계	• 자신과 타인을 구분하기 시작함 • 타인이 느끼는 감정을 단순하지만 느낄 수 있음 • 자신에게 위안이 되었던 수단으로 타인을 위로하려 함
3단계 (2~3세)	타인의 감정에 대한 공감단계	• 자신의 마음과 타인의 마음을 구별하는 단계 • 간단한 장면에서 타인의 슬픔을 인식하고 반응할 수 있음 • 언어 발달과 함께 폭넓은 감정을 공감할 수 있음 • 타인이 원하는 방식으로 고통을 없애 주려 노력하기 시작함
4단계 (3세~아동 후기 및 청소년기까지)	타인의 일반적 상태에 대한 공감단계	• 지금 현재의 즉각적 상황뿐 아니라 타인의 일반적인 상황에 대해서도 공감이 가능함 • 장기적인 고통과 어려움, 전혀 모르는 사람의 처지와 상황에도 공감할 수 있음

　공감 능력이 발달한 아이들은 어린이집에서도 비슷한 행동을 보인다. 친구가 아파하면 다가가 다독여 주거나, 자신의 물건을 나누어 주려는 모습을 보이기도 한다. 하지만 모든 아이들이 동일한 속도로 공감 능력이 발달하는 것은 아니다. 24개월이 지나면 아이들 사이에서 공감 능력의 차이가 더욱

뚜렷하게 나타난다. 같은 상황에서도 어떤 아이는 멀뚱멀뚱 바라보기만 하고, 또 어떤 아이는 자기가 가지고 놀던 장난감을 건네준다. 또 다른 아이는 친구가 가장 좋아하는 애착 인형을 찾아와 품에 안겨주기도 한다. 이렇게 아이들마다 공감 능력의 발달 속도가 다른 이유는 무엇일까?

일반적으로 사회적 민감성이 높은 기질을 타고난 아이들이 상대적으로 공감을 잘하는 경향이 있긴 하다. 하지만 공감 능력의 발달을 결정짓는 가장 중요한 요소는 부모로부터 얼마나 자주 공감을 경험했는지에 달려 있다. 부모에게 공감을 받은 경험이 많은 아이들은 자연스럽게 타인의 감정을 이해하고 반응하는 능력이 원활하게 발달한다. 따라서 공감 능력을 키우기 위해서는 부모가 일상에서 아이와 충분한 정서적 교류를 나누는 것이 중요하다. 아이의 감정을 세심하게 읽어 주고 부모 역시 자신의 감정을 솔직하게 표현하며 공유하는 것이 필요하다.

공감은 저절로 자라는 능력이 아니다. 보고, 듣고, 느끼고, 깨닫는 경험을 통해 점차 형성되는 것이다. 아이가 충분한 공감 경험을 쌓을 수 있도록 부모가 꾸준히 관심을 기울이고, 정서적 공감과 인지적 공감이 균형 있게 발달할 수 있도록 도와주어야 한다.

공감이 자라면 도덕성도 함께 자란다

마틴 호프만은 발달적 측면에서 도덕성의 핵심인 공감을 특히 강조하였다. 타인의 감정을 이해하고 그들의 입장에서 처지와 상황을 고려하는 능력은 결국 도덕적 판단과 행동의 기초가 되기 때문이다. 공감 능력의 부족은 단순히 친구의 감정을 이해하지 못하는 데에서 끝나지 않는다. 공감을 하지 못하면 타인의 고통을 느끼지 못하고 서로를 돕거나 배려하며 존중하는 태도를 배우기 어려워진다.

예를 들어, 30개월 된 아이가 친구들과 함께 있는 자리에서 간식을 나눠 주지 않고 혼자 먹으려 한다면 부모는 아이에게 어떤 말을 해 주어야 할까? 대부분의 부모들은 "네가 혼자 먹으면 친구도 먹고 싶잖아. 나눠 먹어야지."라고 말할 것이다. 하지만 아직 역지사지가 자연스럽게 되지 않는 이 시기의 아이들에게는 이러한 설명이 쉽게 이해되지 않을 수도 있다. 따라서 단순히 말로 가르치기보다는 구체적인 행동을 모델링해 주고, 아이가 따라 하면 칭찬해 주는 과정이 더욱 효과적이다.

예를 들어 "친구 하나, 너 하나, 친구 하나, 너 하나"라고 하며 실제로 간식을 나누는 모습을 보여 주는 것이 좋다. 그런 다음 "같이 먹으니까 참 좋다."라는 긍정적인 피드백을 주면서, 나눠 먹는 행동이 즐겁고 의미 있는 것임을 자연스럽게 학습하도록 도와주자. 이러한 과정을 반복하며 사회적 상호작용이 자리 잡으면 아이는 점차 혼자만 먹으면 안 된다는 사실을 이해하게 되고 친구가 속상해한다는 점도 깨닫게 된다.

그리고 한 걸음 더 나아가 그림책을 활용하여 공감과 도덕성을 키워 보자. 그림책 속 다양한 등장인물들이 처한 상황을 이해하고 그들의 감정을 공감하며 사회적으로 바람직한 방식으로 문제를 해결하는 과정을 자연스럽게 익히는 것이다. 그림책 속에서 펼쳐지는 이야기를 통해 아이는 감정을 공유하는 법을 배우고, 나아가 좋은 가치관과 사회성을 내재화할 수 있다.

사회성을 키워 주는 그림책

안톤 선생님의 다 고쳐 병원
니시무라 도시오(글·그림), 한빛에듀

목이 쉬어 울지 못하는 수탉, 먹잇감을 기다리다 감기에 걸린 호랑이, 하품하다 턱이 빠진 악어까지 다양한 동물 환자들이 찾아오는 '다 고쳐 병원'의 이야기가 펼쳐진다. 이 병원의 안톤 선생님은 친절하고 열정적으로 환자들을 치료해 준다. 그러던 어느 날 갑자기 안톤 선생님이 쓰러지는데…. 과연 무슨 일이 생긴 걸까? 이 그림책은 돌봄을 주거나 받는 서로의 마음에 대해 자연스럽게 공감하고 이해하게 해 준다. 책을 읽은 후 아이와 함께 병원 역할놀이를 하면 더욱 효과적이다. 병원에 대한 친밀감을 높여줄 뿐 아니라 의사나 간호사, 환자 역할을 통해 서로의 입장과 마음을 더 잘 이해할 수 있게 도와주는 따뜻한 그림책이다.

파랑이와 노랑이
레오 리오니(글·그림), 물구나무

파랑이와 노랑이는 친구가 많지만, 그 중에서도 서로가 제일 친한 친구다. 어느 날 파랑이가 친구들과 숨바꼭질을 하는데 아무리 찾아도 친구들이 보이지 않는다. 그때 노랑이가 나타나 너무 반가워 서로를 꼬옥 껴안는 순간, 놀랍게도 둘의 모습이 달라진다. 파랑이와 노랑이의 부모님도 변한 모습의 아이들을 알아보지 못한다. 과연 아이들은 어떻게 다시 처음의 모습으로 돌아갈 수 있을까? 가족과 친구에 관한 이야기와 예기치 않은 사건으로 인한 다양한 감정을 담아낸 그림책으로, 아이들의 사회적 상황 이해 능력과 공감력 발달을 도와줄 것이다.

까만 크레파스와 하얀 꼬마 크레파스

나카야 미와(글·그림), 웅진주니어

크레파스 친구들에게 작고 하얀 꼬마크레파스 '하양이'가 나타난다. 하양이는 친구를 잃어버리고 헤매는 중이다. 그러나 아무리 찾아도 친구가 없어 눈물을 흘린다. 이에 모두들 마음을 합쳐 하양이의 친구를 찾아 나선다. 이들은 지우개 형, 물감 누나, 잣대 아줌마를 찾아다니며 친구를 찾지만 찾지 못한다. 과연 하양이의 친구를 찾아 줄 수 있을까? 이 책은 낯선 존재에 대해 마음을 열고 서로 힘을 합쳐 도와주며 친구가 되어 가는 과정을 예쁘고 사랑스럽게 전달한다.

고마워, 정말 고마워

카르마 윌슨(글), 제인 채프먼(그림), 주니어RHK

너무 심심한 아기 곰은 친구들을 초대하려고 했지만 찬장에 음식이 하나도 없다. 친구들에게 줄 게 아무것도 없어 시무룩해진 아기곰. 바로 그때 친구들이 차례로 하나씩 아기곰을 찾아온다. 토끼는 머핀을, 땅다람쥐와 두더지는 고소한 땅콩을, 올빼미와 다른 친구들도 한 가지씩 음식을 가지고 온다. 푸짐하고 기분 좋은 파티가 시작되지만 아기곰은 어쩔 줄을 모른다. 이유가 뭘까? 아기곰의 마음을 이해하고 서로 위로하고 배려하며 고마움을 전하는 이야기가 무척 따뜻하다.

모모와 토토

김슬기(글·그림), 보림

모모와 토토는 단짝 친구다. 모모는 소중한 친구 토토에게 자신이 좋아하는 노랑풍선과 노란 모자, 노란 꽃다발을 선물해 주며 토토의 모든 것을 노랑으로 물들인다. 그런데 토토는 갑자기 이제 모모와 놀지 않겠다는 쪽지를 남겨 두고 떠나 버린다. 도저히 이해가 되지 않는 모모는 토토의 집을 찾아간다. 토토네 방은 온통 주황색이다. 과연 모모와 토토가 다시 친구가 되려면 어떻게 해야 할까? 등장하는 주변 친구들이 모두 자신이 좋아하는 색을 사용하고 있는 모습도 눈길이 간다. 이 책은 좋아하는 사이일수록 공감하고 존중하는 것이 중요하다는 것을 알려 준다.

그림책으로 해결하는
형제·자매 다툼

형제 다툼, 부모가 미리 준비해야 한다

"33개월의 딸, 100일 된 아들을 둔 엄마입니다. 둘째는 모유 수유를 하는데 그때마다 딸이 짜증 내고 울먹여요. 동생에게 질투심이 생겨 그런 것 같아요. 동생이 잘 때 잘 놀아 주고 애정표현도 하려고 하지만 저도 극심한 피로 때문에 아이가 원하는 만큼 놀아 주지 못해요. 첫째에게 너무 미안하지만 한 번씩 첫째가 둘째를 때릴 때는 화가 나서 더 혼내게 되네요. 어떻게 해야 할까요?"

"36개월 아들이 15개월 된 동생을 밀치고 레슬링 하려고 해요. 안 된다고 가르쳐도 해도 웃으면서 더 합니다. 어떻게 훈육해야 할까요?"

두 아이 이상을 키운다면 누구나 공감하는 상황일 것이다. 자녀가 많아지며 느끼는 충만한 행복감도 잠시, 아이들이 다투거나 큰아이가 동생을 괴롭히는 모습을 보면 부모는 한숨만 나온다. 더구나 부모는 분명히 공정하게 문제를 해결하려 애를 쓰지만, 아이들 입장에서는 늘 불만이다. 큰아이는 늘 엄마가 자기보다 동생을 더 예뻐한다고 질투하고, 동생은 아직 어려 큰아이의 공격을 고스란히 당하기도 한다.

아무리 중재를 해도 큰아이의 질투와 원망감은 쉽게 가라앉지 않는다. 아무리 사랑한다는 말을 수없이 해 주어도 전혀 아이의 마음에 닿지 않는 것 같다. 이렇게 형제 자매 간의 다툼이 심해질 때는 부모가 먼저 준비를 해야 한다. 두 명 이상의 아이를 키울 때 형제 자매 관계를 어떻게 가르쳐야 할지 미리 알고 준비하는 과정이 필요하다.

형제의 심리

우선 형제 심리에 대해 이해해 보자. 오스트리아의 정신의학자이자 개인심리학의 대가인 알프레스 아들러(Alfred Adler)는 가족이라는 공동체와 출생순위에 따른 성격 유형을 깊이 연구했다. 아들러는 차남으로 태어나 부모의 사랑을 독차지하는 능력 좋은 형의 그늘에서 열등감과 질투심을 느꼈고, 동생이 태어나자 부모의 사랑이 동생에게로 옮겨가는 것에 대한 원망도 느꼈다. 후에 동생이 사망하면서는 죄책감에 시달리기도 했다. 이런 개인적 경험을 바탕으로 그는 같은 부모 밑에서 자란 형제라도 태어난 순서와 부모의 사랑을 차지하기 위한 경쟁으로 인해 저마다 다른 성격을 형성하게 된다고 설명했다.

그의 이론이 많은 사람의 공감을 얻은 이유는 형제를 가진 모두가 형제 관계 속에서 각자의 자리를 가지고 있고, 형이거나 동생이라서 겪은 마음고생들이 있기 때문이다. 큰아이는 보통 집안에서 둘도 없는 사랑을 넘치게 받지만, 동생이 태어나면서 그 사랑을 나누게 된다. 부모 입장에서는 당연하고 어쩔 수 없는 일이지만 아들러는 큰아이의 경험을 '폐위된 왕'에 비유하였다. 큰아이는 왕처럼 대우받고 원하는 모든 게 이루어지던 상황에서 동생이라는 경쟁자가 나타나 부모의 사랑을 빼앗아가는 상실과 절망을 경험하게 되기 때문이다. 큰아이의 이런 마음을 이해하지 못한 채 공정한 육아라 생각하고 큰아이에게 양보와 동생에 대한 배려를 기대한다면 아이는 어떤 말로도 위로가 되지도 않고 납득되지도 않을 것이다.

이럴 땐 큰아이에게 좀 더 특별한 사랑을 표현해 주어야 한다. 아이가 요청할 때 주는 사랑이 아니라, 먼저 아이에게 다가가 사랑을 표현하고 고마움을 표현하는 일이 우선이다. 여기에 하나 더, 형이나 언니로서의 중요한 역할을 맡겨 보자. 동생이 왜 우는지 큰아이의 의견도 물어 보고 분유 먹이기를 잠시 도와달라 요청하거나 기저귀 가져오기를 부탁해 보자. 물론 두세 살 된 아이의 서툰 도움이겠지만 잠시라도 도와준다면 크게 칭찬하고 고마움을 표현하는 것이 중요하다. 이렇게 하면 엄마가 동생을 돌보는 동안 멀리서 외롭고 슬프게 있지 않아도 되고 동생과 엄마를 도와주는 든든하고 자랑스러운 리더로서 함께할 수 있게 된다.

동생에게 질투하는 아이와의 대화

이제 새로운 방식으로 시도해 보자. 엄마 젖을 다시 차지하고 싶은 32개월 아이에게 동생이 젖을 먹으니 저리 가서 혼자 놀라고 말하는 건 아이를 더 불안하게 만드는 일이다. 그럴 때는 이렇게 말해 보자.

"가까이 와 봐. 동생이 젖 먹는거 봐. 잘 먹는 거 같아? 넌 어릴 때 어떻게 먹었는지 아니? 동생보다 더 힘 있게 꿀떡꿀떡 잘 먹었어. 그래서 지금 이렇게 토실토실 건강하고 예쁘잖아."

"동생을 안고 있으니 엄마가 어깨가 아파. 열 번만 두드려 줄래? 네가 안마해 주니 엄마가 너무 행복해. 고마워, 사랑해."

"동생이 엄마 젖 다 먹고 트림하고 잠들면 엄마가 동화책 읽어 줄게. 무슨 책 볼지 미리 세 권 꺼내서 책상 위에 올려 둘래?"

이렇게 말을 걸어 주고 아이와 대화를 하다 보면 큰아이의 마음은 더 이상 그리 외롭고 슬프지 않을 것이다. 지금은 엄마가 동생을 돌보고 있지만 자신을 사랑하고 생각하고 있다는 것을 느낄 수 있기 때문이다.

대부분의 부모들이 형제 다툼의 원인을 큰아이에게서

만 찾으려 한다. 하지만 이유는 정확히 말하면 동생의 등장으로 '폐위된 왕'처럼 자기 가치가 사라지고 사랑을 잃어버린 상실감과 충격에 빠진 큰아이의 마음을 달래 주지 못한 결과이다. 즉, 동생만 껴안고 있는 엄마의 모습을 보며 외로워하는 아이에게 부모의 사랑을 확인시켜 주지 못했기 때문이다. 결국 형제, 자매, 남매의 다툼은 부모가 각각의 아이들에게 부모의 사랑을 제대로 전하는 방법을 잘 알지 못한 데서 비롯되었다고 해도 과언이 아니다.

형제자매, 든든하며 힘이 되는 관계

큰아이가 동생을 질투하기도 하지만 아들러처럼 동생이 큰아이를 질투하는 경우도 있다. 한편 셋째 중 둘째로 태어나 '낀 아이'가 되어 버린 아이는 충분한 사랑도 받지 못하고 귀여움도 독차지하지 못하는 나름의 설움이 있다. 막내는 막내대로 자신보다 뛰어난 능력을 가진 형이나 언니를 보며 질투와 좌절, 불안감을 느낄 수 있다. 이처럼 형제간의 심리는 부모가 짐작하는 것보다 훨씬 더 복잡하고 미묘하다. 그래서 하루도 빠짐없이 형제간의 다툼이 끊이지 않는 것이다.

정리해 보자. 형제 자매는 24시간 경쟁 중이다. 부모의 관심과 사랑, 인정을 받기 위한 치열한 경쟁을 벌이고 있는 것이다. 누구 하나 쉽게 물러서지 않는다. 끝까지 싸우고 쟁취하려 든다. 그래서 부모가 상대 형제에게 대하는 말과 태도에 매우 민감하다. "엄마는 나만 미워해. 동생만 사랑해. 맨날 형만 신경 써…." 이런 모든 말들은 그런 마음의 표현이다.

게다가 형제들은 한정된 자원에 대한 경쟁도 해야 한다. 자신들에게 주어지는 물질적, 심리적 자원은 한정적이다. 한정된 양의 장난감, 제한된 양의 간식, 그리고 엄마, 아빠의 사랑과 관심의 시간과 양도 모두 한정된 자원들이다. 이걸 형제 수만큼 나누어 가져야 하니 어떻게 아이들이 경쟁적이지 않을 수 있을까? 그래서 서로 더 많이 차지해서 자신의 가치를 확인받으려 하는 것이다.

이제 우리 아이들이 형제자매가 있어 더 재미있고 든든하며 힘이 되도록 하려면 어떻게 도와주어야 할까? 가만히 두면 경쟁과 질투의 대상이 되어 버리기에 우선 형제자매의 건강한 개념을 가르치고 심어 주어야 한다. 함께 있으면 같이 놀 수 있어서 즐겁고 더 재미있다고 느낄 수 있어야 하고, 무서울 때는 서로 꼭 껴안으며 의지하는 든든한 존재로 자리매김해야 하는 것이다. 아이들이 함께 즐겁게 놀면서도 큰아이는 동생을 도와주거나 가르치고, 동생은 형을 따르며 배울 수 있도록 성장해야 한다.

이런 건강한 형제 관계의 개념을 심어 주기 위해 꼭 읽어야 할 책들이 있다. 형제자매라는 존재에 대한 건강한 개념부터 시작해 어떻게 의논하고 함께 나누며 즐겁게 놀 수 있는지, 어떻게 서로 돕고 중요한 존재가 되어 가는지를 다룬 그림책을 함께 읽어 보자. "누나가 도와줄게.", "형! 이거 어떻게 하는 거야?", "우리 인형놀이하고 놀까?", "아! 내가 미안해." 이런 대화를 나누는 예쁜 모습을 보게 될 것이다. 물론 책을 읽어 주고도 한 시간 뒤면 또 싸우고 있겠지만 이미 이야기는 아이 마음속에 뿌리를 내리기 시작했다. 한 번 아이의 마음에 자리 잡은 이야기는 분명 아이의 마음속에서 되새김질 되면서 서서히 어떤 형제가 되고 싶은지에 대한 생각으로 발전하게 된다.

다음 그림책을 통해 아이들의 마음속에 아름다운 형제자매의 우애가 싹트길 바란다.

우애를 키워 주는
그림책

의좋은 형제
이현주(글), 김천정(그림), 국민서관

형제의 의미를 제대로 알려 주는 이야기다. 형은 한밤중에 새로 살림을 차린 동생에게 몰래 볏단 한 짐을 가져다 주고, 동생도 식구 많은 형님네가 필요할 것 같아 몰래 가져다 둔다. 결국 서로의 볏단은 전혀 줄어들지 않는다. 그렇게 날마다 서로 볏단을 가져다 주다 드디어 마주치게 된다. 이 그림책은 형제자매라는 존재에 대한 건강한 개념을 키울 수 있게 한다. 실존했던 형제에 관한 이야기라는 사실을 말해 주면 더 이야기에 몰입할 것이다.

안 돼 내 거야!
엘리센다 로카(글), 크리스티나 로산토스(그림), 노란상상

친구와 무엇이든 기쁘게 나눌 줄 알던 알레호가 어느 순간부터 동생에게도 친구에게도 "안 돼! 내 거야!"라고 외치며 아무것도 나누어 주지 않고 빌려주지도 않는다. 엄마, 아빠는 달래 보고 혼도 내 보지만 전혀 소용이 없다. 갑자기 이렇게 욕심을 부리는 이유가 무엇일까? 이 그림책은 혼내기보다 아이 마음속 진짜 이유를 찾는 일이 중요함을 보여 준다. 그 이유를 눈치챈 할아버지가 알레호에게 특별한 이야기를 들려주시면서 상황이 전환된다. 동생의 출현으로 심리적 변화를 겪는 아이들을 위한 특별한 이야기로, 다음 날 벌어진 신기한 일을 통해 역지사지를 경험한 주인공 알레호의 변화가 무척 대견하다.

찬성!
미야니시 타츠야(글·그림), 시공주니어

사이 좋은 늑대 5형제가 점심 메뉴를 의논한다. 오믈렛, 사과, 새우덮밥, 감자 크로켓, 꽁치구이 등 서로가 원하는 건 모두 다르다. 그러다 바루가 "모두 다르네. 어쩌면 좋지?"라고 고민하다 돼지를 제안하자 모두 마음을 바꾸어 "찬성!"을 외친다. 그런데 네 마리 늑대는 모두 돼지를 잡지만 바루만 돼지를 놓친다. 슬퍼하는 바루를 위한 늑대형제들의 반전 있는 선택이 흥미롭다. 5형제의 이야기로 협의, 배려, 공감 등 여러 가지를 배울 수 있다.

조금만, 조금만 더
소연정(글·그림), 모든요일그림책

엄마가 외출한 뒤 호기심을 끄는 선반 위의 상자. 그 속에 뭐가 들었을지 다섯 남매는 서로 다른 상상으로 설렌다. 하지만 꺼내기가 쉽지 않다. "우리가 꺼내면 되지. 같이 꺼내 보자." 하고 함께 문제를 해결하는 다섯 남매의 작은 모험이야기가 흥미진진하다. 이는 좋은 형제자매의 모델을 제공한다. 무엇보다 형제자매를 위한 최고의 언어인 "우리가 함께"라는 말을 마음 깊이 간직하게 해 준다.

아이스크림 걸음!
박종진(글), 송선옥(그림), 소원나무

형은 어린이집에 동생을 데리러 간다. 빨리 집에 가고 싶은 형과 달리 동생은 꽃구경도 하고 달팽이랑 개미를 관찰하느라 달팽이 걸음이다. 고민하던 형은 동생이 빨리 가게 하려고 동생이 제일 좋아하는 아이스크림 걸음놀이를 제안한다. 이때부터 형과 동생의 즐겁고 신나는 걸음놀이가 시작된다. 게걸음, 깽깽이걸음, 황새걸음, 발끝 걸음 등 열두 가지 걸음놀이가 이어지며 흥미를 자극하여 자연스레 벌떡 일어나 걸음놀이를 따라하게 된다. 주인공 형제를 함께 따라 놀다 보면 형제의 우애가 깊어질 뿐만 아니라 부모도 행복해진다.

실천 포인트 **동생이 밉다고 말할 땐 이렇게 말해 주세요**

이 시기의 형제자매 다툼은 아직 갈등이라 말하기 어렵다. 부모의 사랑을 뺏길까 봐 불안하고 걱정되는 마음이 충동적 행동으로 표출된 것뿐이다. 따라서 엄마, 아빠의 사랑을 전해 주고 불안을 덜어 주는 대화가 필요하다.

① 태어날 때부터 사랑받고 축복받았다는 사실을 다시 확인시켜 주자.

> "네가 태어난 날엔 곰도 춤을 추었지. 해님, 달님, 별님, 모두 반짝이며 너를 반겼어."
> "넌 기적처럼 엄마, 아빠에게 와 주었단다. 그래서 넌 기적이야!"

② 엄마 아빠의 사랑은 하루하루 더 커지고 있음을 말해 주어야 한다.

"사랑은 하루하루 더 커지는 거야. 네가 훨씬 먼저 태어났기 때문에 네가 가진 엄마, 아빠의 사랑이 그만큼 더 크단다."

③ 자라고 있기 때문에 표현 방식도 조금씩 달라지고 있다고 말해 주자.

"넌 밥도 잘 먹고 기저귀도 안 하고, 신나게 뛰놀잖아. 엄마, 아빠가 널 보며 웃는 게 바로 사랑이야."

④ 고마움을 전해야 한다.

"엄마를 기다려 줘서 고마워. 도와줘서 고마워. 씩씩하게 어린이집 잘 다녀서 고마워. 사랑해."

⑤ 든든하고 자랑스러운 존재임을 말해 주어야 한다.

"혼자서 끝까지 완성했네. 기특해. 대견해. 자랑스러워."
"어려워도 한 번 더 해 보는구나. 기특해. 대견해. 자랑스러워."
"동생을 잘 도와주는구나. 기특해. 대견해. 자랑스러워."

에필로그

하루 10분, 아이와 함께 떠나는 그림책 여행

이 책은 제 딸이 아기를 낳으면서 시작되었습니다. 작고 소중한 아기를 품에 안고 눈을 맞추고, 미소 짓고, 온몸을 쓸어 주고 어루만지며 '이보다 더 귀하고 감사한 일이 있을까?' 하는 생각이 들었습니다.

사실 저는 예전부터 손주가 태어나면 직접 돌봐주고 싶다는 소망이 있었습니다. 그래서 바쁜 일정을 조정해 매일 아침 8시 30분부터 오후 1시 30분까지, 5시간 동안 손녀를 돌보았습니다. 물론 쉽지는 않았습니다. 아침 일찍 1시간을 이

동해 아기를 만나고, 오후에는 다시 1시간 30분이 걸려 출근해야 했으니까요. 하지만 그 시간은 제 인생에 찾아온 또 한 번의 선물 같은 순간이었습니다. 그리고 그중에서도 가장 소중한 시간은 그림책을 읽어 주는 시간이었습니다.

하루 10분만 그림책을 읽어 주어도 아이의 정서적, 인지적 발달에 큰 도움이 되지만 솔직히 저는 훨씬 더 많은 시간 동안 그림책을 읽어 주었습니다. 아기가 심심해할 때, 잠들기 전, 혹은 더 재미있게 놀아주고 싶을 때마다 자연스럽게 그림책을 펼쳤지요. 이야기에 귀를 기울이며 두 눈을 반짝이던 모습, 때로는 까르르 웃으며 즐거워하던 순간들이 얼마나 사랑스러웠는지 모릅니다.

그렇게 그림책과 함께 손주의 성장 과정을 지켜보며 이 책을 쓰기로 마음먹었습니다. 처음에는 제가 아이를 키우던 시절에는 없었던 초점 그림책을 보며 신기해하면서도, 막상 책을 펼쳐 들고 어떻게 이야기를 나눠야 할지 막막했던 기억이 납니다. 제가 이 책에서 말 걸기 초점 그림책의 중요성을 강조한 이유를 이제 이해하셨을 겁니다.

지금은 손녀가 어린이집에 다니느라 하루에 만나는 시간이 2~3시간으로 줄었지만, 여전히 우리는 책을 매개로 한 상상의 세계를 함께 여행합니다. 그림책 속 이야기에서 시작된 인물들이 아이의 놀이 속에서 살아 움직이는 모습을 보며 감사함과 신기함을 느낍니다. 그리고 오늘도 제 책장 가득한 그림책들을 바라보며 생각합니다. '오늘 우리 아기에게 어떤 책을 읽어 줄까? 어떤 반응을 보일까?' 이 상상만으로도 제 하루가 행복으로 가득 찹니다.

아이에게 하루 10분, 그림책 여행을 선물해 주세요. 그림책 속 수많은 이야기와 지식이 아이의 마음에 차곡차곡 쌓이고 자유로운 상상력과 창의력을 키워 미래 사회에서 빛나는 존재로 성장하는 밑거름이 될 것입니다.

세상의 모든 아이들이 그림책 여행을 즐기기 바라며
이임숙 드림

하루 10분 언어·정서·사회성 발달을 위한
성장 단계별 120권 그림책 육아법

0~3세 육아, 그림책에 답이 있습니다

초판 1쇄 발행 · 2025년 4월 20일
초판 2쇄 발행 · 2025년 4월 28일

지은이 · 이임숙
펴낸이 · 민혜영
펴낸곳 · 카시오페아
주소 · 서울특별시 마포구 월드컵로14길 56, 3~5층
전화 · 02-303-5580 | **팩스** · 02-2179-8768
홈페이지 · www.cassiopeiabook.com | **전자우편** · editor@cassiopeiabook.com
출판등록 · 2012년 12월 27일 제2014-000277호

ⓒ이임숙, 2025
ISBN · 979-11-6827-284-2 03590

이 책은 저작권법에 따라 보호받는 저작물이므로 무단 전재와 무단 복제를 금지하며,
이 책의 전부 또는 일부를 이용하려면 반드시 저작권자와 (주)카시오페아 출판사의
서면 동의를 받아야 합니다.

· 잘못된 책은 구입하신 곳에서 바꿔 드립니다.
· 책값은 뒤표지에 있습니다.